高效课堂的探索与实践

曹耀罗 / 主编

中原出版传媒集团
中原传媒股份公司

大象出版社
· 郑州 ·

图书在版编目(CIP)数据

高效课堂的探索与实践 / 曹耀罗主编. — 郑州 : 大象出版社, 2025. 6
ISBN 978-7-5711-2152-5

Ⅰ. ①高… Ⅱ. ①曹… Ⅲ. ①课堂教学-教学研究-高中 Ⅳ. ①G632. 421

中国国家版本馆 CIP 数据核字(2024)第 066728 号

高效课堂的探索与实践
GAOXIAO KETANG DE TANSUO YU SHIJIAN
曹耀罗 主编

出 版 人 董中山
责任编辑 孙志莉 王 策 孙小芳
责任校对 陶媛媛 张迎娟
装帧设计 付锬锬

出版发行 大象出版社(郑州市郑东新区祥盛街 27 号 邮政编码 450016)
发行科 0371-63863505 总编室 0371-65597936
网 址 www. daxiang. cn
印 刷 河南瑞之光印刷股份有限公司
经 销 各地新华书店经销
开 本 720 mm×1020 mm 1/16
印 张 12
字 数 184 千字
版 次 2025 年 6 月第 1 版 2025 年 6 月第 1 次印刷
定 价 50. 00 元

印厂地址 武陟县产业集聚区东区(詹店镇)泰安路与昌平路交叉口
邮政编码 454950 电话 0371-63956290

《高效课堂的探索与实践》编委会

主　　编　曹耀罗

副 主 编　夏振华

执行主编　何存富　周修华

执行副主编　胡厚强　张绪勇　黄光胜　张　坤　易怀周

目 录

实践

探索

高效课堂教学改革主张与基本流程

一、高效课堂教学改革主张

（一）教学改革思想层面（“三转五让”）

(1)“三转”。

①转注入式教学为启发式教学；②转学生被动听课为主动参与；③转单纯传授知识为知能并重。

(2)“五让”。

①让学生多阅读；②让学生多思考；③让学生多表现；④让学生多探究；⑤让学生多交流。

（二）课堂操作层面（“三策三多三全四到位”）

(1)“三策”。

①课前动员；②课堂留白；③课堂激励。

(2)“三多”。

①多动口；②多动手；③多动脑。

(3)“三全”。

①全员参与；②全程参与；③全神参与。

(4)“四到位”。

①讲到位；②学到位；③练到位；④管到位。

二、高效课堂基本流程

（一）课前组织（巡查）

(1)检查。

①预习检查;②错题重做检查;③背诵默写检查。

(2)板书课堂教学目标(师)。

(3)学科特色活动(生)。

①课前演讲(语文);②每日一题(数学、物理、化学、生物学);③每日一句(英语);④时政进课堂(思想政治);⑤历史上的今天(历史);⑥每日一图(地理);⑦课前读背。

（二）课中教学

(1)组织教学。

①点评上一节课堂表现,进行本节课动员;②学习用品准备。

(2)课堂目标解读。

(3)课堂教学活动(教—练—研—展—评)。

①教(讲授);②练(动口、动手、动脑);③研(讨论、背诵、总结);④展(板演、回答、小老师、展台展示);⑤评(生评、师评,台上评、台下评)。

（三）课堂总结

(1)对标小结。

(2)课堂表现总评。

(3)作业布置。

(4)预习布置。

高效课堂教学改革基本要求

为进一步推进课堂教学创新,实现课堂教学的有效性和高效率,努力开创课堂教学改革的新局面,实现教学质量的新突破,2022 年 5 月 9 日晚,我校“推进教学改革,打造高效课堂”研讨会在行政楼三楼会议室召开。会上,曹耀罗校长对我校课堂教学改革基本流程作了总体安排和要求。

一、目标展示

(1)每节课课前,教师要板书本节课教学目标并向学生解读教学目标。

(2)提出的目标要明确、具体。教学目标明确、具体,有利于教师正确运用教学方法、妥善组织教学过程、准确评价教学结果,也有利于学生理解教师的教学意图,主动掌握自己的学习过程,明确自己的学习目标应当指向怎样的学习结果。

(3)根据学科教学点制定适当的教学目标。认真分析教学内容,将教学内容分解为明确清晰的小知识单元及能力要求点,每一个教学点应当对应一条教学目标。根据学生的知识基础和能力水平,以及教学目标分类法,确定每条目标的层次要求。

(4)教学目标要具有一定的弹性。既要有统一的要求,又要注意适应个别差异。

二、预习检查

教师要提前候课，课前进行预习检查，检查可采取多种方式。常见的方式有错题重做，默写背诵，分类抽查、普查。不管采用何种方式，都要根据自己的教学需要，因人因事因时而异，无须寻求固定的模式。

三、课堂组织

(1)讲解到位。(易错、易漏的知识讲，重难点讲，有拓展性内容的知识讲；学生会的知识不讲，学生通过自学能学会的知识不讲，讲了学生也不会的知识不讲)

(2)学习到位。(教师要有教育智慧，善于捕捉教育契机，激发学生学习兴趣)

(3)练习到位。(讲练结合)

(4)管理到位。(三分教七分管)

四、课堂小结

(1)课堂教学小结要紧扣教学内容，对标小结，要着眼于学生对所学内容的理解、巩固、完善、提升。

(2)课堂教学小结要简洁明快，绝不能拖泥带水。方式要灵活多样，不能过于死板，可以由教师完成，也可让学生进行尝试。

(3)课堂教学小结能促进学生掌握知识、总结规律，为学生进一步学习架设桥梁埋下伏笔。

五、预习及作业布置

(1)预习任务必须明确具体(有标准、有要求)，对知识点和习题要进行详细说明,要与下节课教学目标形成呼应。

(2)作业布置要有针对性,要明确作业标准、完成时间、检查方式及奖惩措施等。

曹耀罗校长在点评孙巧巧教改课上的讲话

孙巧巧的课我不做过多点评，讲得不错。借此机会，我想说明几点：

(1)我们组织文理科教改小组上教改课的目的，不是搞展示课、公开课，而是实实在在地展示教研课堂应该有的样子。大家在上课时应尽情发挥，不要有顾虑，我们现在需要的是真实的原生课堂，如果课堂太完美，就不真实了。

(2)我们为什么要探索教改的课堂模式呢？教师的教学分教与学两个方面，从学生获得知识的途径看也主要是两个方面，一方面是老师的教，另一方面是学生通过练习获得技能。高考考查的重点由过去的考查知识到后来的考查能力，目前已转到考查核心素养。1946 年学者埃德加·戴尔提出的“学习金字塔”理论(图 1)告诉我们，要提高学生的学习能力，尤其是要提升学生的核心素养，就必须要充分把课堂还给学生。教师在课堂上要少讲、精讲，尽量让学生多展示。

(3)大家要彻底转变观念，我们现在必须提高课堂效率，打造高效课堂。要认识到课堂改革的艰巨性和长期性，现在我们就是要通过教改小组的先行先试，最终实现撬动全校教改的目的。

(4)我们最终想构建的是具有“三转五让”特点的课堂。“三转”即转注入式教学为启发式教学、转学生被动听课为主动参与、转单纯传授知识为知能并重；“五让”即一是让学生多阅读，二是让学生多思考，三是让学生多表现，四是让学生多探究，五是让学生多交流。

(5)提醒大家处理好课前预习、课中讲授和课后作业的关系。课后作业可以适当前移到课前预习中，突出预习在整个教学中的重要地位。教改并不局限于文理科教改小组成员，全校所有教师只要愿意，随时都可以加入教改小组，学校鼓励全体教师积极参与探索与实践。

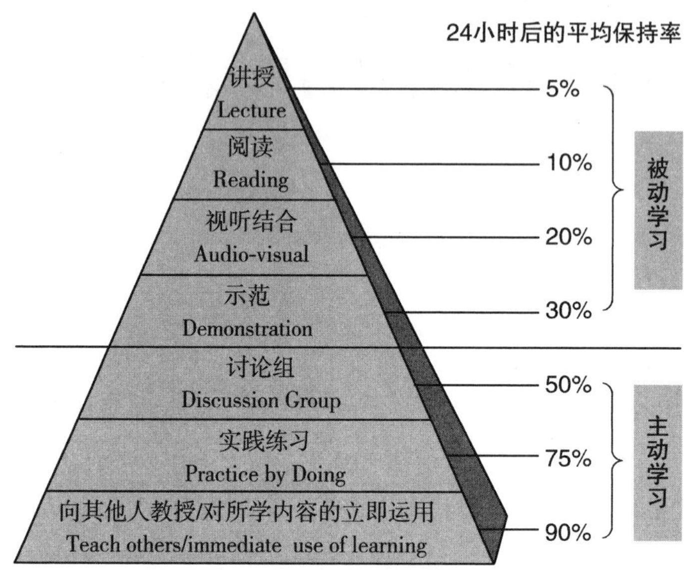

图1 “学习金字塔”模型

教学模式改革核心组成员研讨会会议纪要（一）

为全面贯彻落实我校“提升学校办学水平,促进教师专业发展”的办学理念,探索高效课堂研讨新路子,创设典型带动的发展模式,锻造高效课堂名师队伍,2022 年 5 月 2 日晚,我校“推进教学改革,打造高效课堂”研讨会在行政楼三楼会议室召开。曹耀罗校长、何存富副校长、高一年级主任易怀周、高二年级主任张坤、教务处主任张绪勇、教科室主任黄光胜参加了会议,会议由校长助理周修华主持。

会上,全体与会人员结合我校工作实际,分别就教改模式及教改实施过程中存在的一些问题发表了自己的看法,并提出了建设性的建议。会议纪要如下。

一、高一年级主任易怀周的几点思考

(1)如果课堂上有个别学生不参与或有个别学生动起来收不住该怎么办?

对策:对老师而言,应在课前下功夫,教学目标要明确,做好预设。

(2)展示环节时间超出预设时间,教学进度赶不上或有几个组独占课堂该怎么办?

对策:展示要注意的几点,学生都会的或都不会的知识点不展示,要展示有规律性和创新性的手法、学习的小窍门、重难点等。还可以以随机抽签的方式展示,组内人员要有分工,抄题的、讲解的、补充的,但一定要综合评价,这样有利于成员之间互帮互学、互相促进。高效课堂要把握的是该学什么，怎么学，学到什么程度。

(3)如何制定合理的小组评价机制？

对策：教师可根据课堂环境，灵活运用不同的评价方式。如综合评价、正向引导评价、鼓励式评价等。

(4)如何运用评价调动学生？

对策：唤醒兴趣点。可用不同方式激活，如问题分化细化，针对不同层次的学生设置相应难度的题目，在操作上，需要做好课前预设，可以发挥集体备课的优势，实现资源共享。

(5)学生失去兴趣怎么办？

对策：根源在于学生没有产生成就感。可变换方式，激励跟进，采用多种多样的形式充分调动学生的课堂积极性；读、写、记、背、思考、小组讨论、合作探究、点评等，不拘一格。

(6)课堂组织如何做到"乱"中有序？

对策：规则引领。课堂秩序考验一个教师的课堂掌控能力，要在能力范围之内组织课堂，可以在课前及分组时制定规则，将讨论任务具体化，小组内谁组织、谁记录、谁展示(尤其是展示，应该做到人人轮流参与，切忌组内组长一人展示)等都要预设充分、具体。

(7)如何兼顾不同层次的学生？怎么避免学困生止步不前(如何避免学生的成绩两极分化)？

对策：这个问题无论是在传统教学课堂还是现在的高效课堂，都会遇见，如何完善和解决？这就涉及课堂教学时的组织优化。操作层面，可以让不会或不懂的学生提问，初步掌握的学生解答，完全掌握的学生点评，这样可让所有学生都能参与，以期整体提升。当然问题的解决不可能如此简单。兼顾不同层次的学生，就要因材施教。因材施教需要教师了解学生，手把手指导学习方法，让学生自觉主动地去走自己的学习之路。

二、高二年级主任张坤的看法

(1)要持续稳步推进课堂教学改革,需要加强对学生学习习惯的培养,如课前预习的习惯、课堂上积极思考的习惯、课后整理归纳的习惯等。

(2)教师课前准备不足,问题设计针对性不强,学生讨论问题没有目的性,小组讨论形式大于内容等,都会影响高效课堂教学质量。教师必须精心准备,做好预设。

(3)学生发展不平衡,基础差距较大,容易造成两极分化。

(4)学生如果没有足够的预习时间或预习不充分,就达不到课堂预设的目标。

三、教科室主任黄光胜的看法

(1)抓学生自主学习习惯的养成是核心。

(2)学生的小组合作学习形式大于内容。

(3)学生缺少足够的预习时间。教务处需要谋划,给学生提供必要的时间进行预习。

(4)课堂教学改革中,教师的主导地位要凸显出来,对教材知识的整合要到位,问题的设计要合理。

(5)落实(学校层面、年级组层面、备课组层面)是教学模式改革的关键。

四、教务处主任张绪勇的看法

(1)修改课堂教学评价标准,由重视评价教师的教转变为重视评价学生的学。

(2)通过讨论、板演、提问等方式,让学生动手、动口、动脑,最终让学生思维活跃起来。

(3)重视学生自主学习成果展示,对学生展示时暴露的问题或新生成的问题,进行有针对性的点拨。

(4)不同学科,不同章节的内容,教学方法不尽相同,不可用统一的师生活动方式或活动时间。

(5)推行课堂教学改革阶段,课堂应有以下环节:预习内容检查、教学目标展示、问题设计(教学的切入点)、学生自主学习过程、学习成果展示、教师鼓励性评价、教师归纳拓展、对照目标课堂小结、作业布置(含下节预习具体内容)。

五、校长助理周修华的看法

(1)学习目标要明确具体。这个目标不是大家经常说的三维目标,而是本节课要完成的具体的实实在在的教学目标。

(2)重点内容要突出。每节课都要有重点内容,然后围绕重点内容去讲解,再拓展延伸。

(3)学生要全员参与、全程参与、全心参与。不让任何一个学生置身事外,让所有学生都有收获,对知识掌握相对不足的学生要格外关注。

(4)讲练结合。只讲不练或者以讲代练,学生的动手能力得不到锻炼,这样的课堂效率不高,实用价值不大。因此,课堂必须要有适当的练习题,最好是边讲边练,穿插进行。

(5)对照目标进行小结。讲课结束前,教师引导学生依据前面提出的教学目标进行比对,回顾反思实际完成情况,做到有始有终。

(6)布置作业和预习内容。作业要适当适量,有的作业可以前置完成,预习的内容要具体到哪页哪段哪行,解决哪些具体问题,便于学生完成,便于检查提问。

六、何存富副校长的看法

(1)提高全体师生对教改的认识,详细解读“学习金字塔”理论,要求大家认识到学生参与对提高课堂效率的重要性。

(2)建议在高一年级选取班级进行实验,通过实验数据说服师生,检验“学习金字塔”理论。

(3)注意对教师课堂评价方式的变革,要多关注学生的学习效果。

(4)要留足学生课前预习时间,预习指导要具体,要求要明确,课后作业可适当前移到课前预习当中。

七、曹耀罗校长作总结动员性讲话

(1)课堂教学改革是一个系统工程,具有长期性和艰巨性特点,必须要一以贯之,长期坚持。

(2)学校推进课堂教学改革的目的是通过提高课堂效率,进而提高学生成绩。学校通过建设一个高效的课堂,可以充分调动学生学习的积极性和主动性,进而全面提高学习成绩。

(3)每位教师都要转变观念,先学后教,先改后教,教学改革过程也是教师成长的过程,对教改要有包容性。

八、曹耀罗校长最后强调内容

(1)全体教师要解放思想,统一认识,形成共识,增强执行力,强力推进新教改,要在思想、意识和行为上进行全方位的改变。

(2)鼓舞士气,发现人才,大胆尝试,小步子,快节奏,把是否符合教改精神、教改模式作为评价课堂教学的重要依据。

(3)发现问题,积极寻找办法解决问题,形成经验。

(4)任务布置。

①整理和收录好教改材料(两个硬盘)。

②学习“学习金字塔”理论,举行征文活动。

展现精彩课堂　演绎快乐人生

——光山高级中学召开教学模式改革研讨会

为进一步深化课堂教学改革,促进教师专业成长,提高学生自主学习意识,发挥优秀教师的引领、辐射、示范作用,提高我校的教育教学质量,2022 年 5 月 16 日晚,我校“推进教学改革,打造高效课堂”研讨会在行政楼三楼会议室召开。

会上,主讲教改示范课的教师结合我校工作实际,分别就教改模式及教改实施过程中存在的一些问题发表了自己的看法并提出了建设性的意见。何存富副校长向全体与会人员解读了我校高效课堂的基本流程。最后,曹耀罗校长作总结动员讲话。

一、语文组李欣老师的发言

参加教改小组以来,我观摩了多位优秀教师的公开课,聆听了曹校长及各位领导对“推进教学改革,打造高效课堂”的指导性意见,收获颇多。我也在教学中努力摸索与改变,虽距离高效课堂还有很远的距离,但心向往之。

教学是一门遗憾的艺术,关键在遗憾过后要有教的反思和学的反馈。针对教师的教和学生的学,我有如下反思和困惑:

一是教师如何教得高效。以前的课堂上我总是心太急,所有问题都想自己讲。可叶澜教授指出,教师要封住自己的嘴,让自己少说一点,留出空间给学生。那么教师如何成为课堂的帮助者和建设者?哪些该讲?哪些让学生讲?不同学科、不同老师、不同类型的课、不同班级的学生,教改模式是否一样？是不是可以充分发挥学科组集体的力量，集思广益，从而打造高效课堂？

二是学生如何高效地学。每个教师都希望自己的学生不仅要学会知识，还要锻炼培养各种能力。但如何调动学生参与到预习、讨论、展示中来，愿学、乐学，学会、学好，却是一个难题。我在思考是不是还是要回归到抓小组建设上来，小组合作不仅体现在课堂讨论上，还表现在日常检查预习、监督作业、激励竞争等工作中。

总之，教改之路道阻且长，我会多学习、多反思，努力提高课堂效率，也请各位专家指点迷津。

二、语文组孙巧巧老师的发言

传统教学的模式是老师不厌其烦地讲解，学生大量地记和背。我们学校努力推进的高效课堂建设，要求教师课堂以学生为主体，把课堂交给学生。课堂模式尤其注重学生自主学习，这样就引发了一些问题：学生自觉程度不同，自主学习能力有差别。自觉的学生，自主学习意识很强，能高效完成预习任务；自觉性有待提高的学生则敷衍了事，学习效率低下，导致教学目标的完成不能完全落到实处。

自主学习在课堂上大多采用合作探究的模式，但每个班总会存在一些学生参与度不高的问题，如何提高学生课堂参与度也是一个让人头疼的问题。

三、数学组陈云老师的发言

关于数学高效课堂，我的思考有以下三点：

(1)高效课堂要想顺利进行，每一位学生都必须充分预习，这就会产生一个问题，学生没有足够的时间去提前预习、做题，导致课堂进度慢，完成不了当堂任务。经过两周左右的慢慢摸索，我想到了一个办法：提前一周时间布置预习任务，在每周日或者周一就告诉学生们下周每节课的安排，让学生们有顺序、有计划地提前完成预习内容，效果稍微好一些，但班里总是还有少数学生完成得不太好，这个问题还有待进一步思考，寻找更好的解决办法。

(2)课堂上,小组在合作探究的学习过程中因为学生的基础不一样,会造成程度好的学生能够很快很好地理解新的内容,但是基础差、惰性强的学生会越来越差,那么教师在讲解的时候应该以什么样的学生为主？目前,我的做法是先让程度好的学生给程度差一点的学生讲解,对程度差一点的学生降低要求,慢慢来,讲解内容还是照顾大部分的学生,少数差一点的学生暂时还不能完全顾及。

(3)我们开展的高效课堂的模式是否一定要按流程循规蹈矩地进行？是否可以因不同学科、不同学习内容进行相应的变通？只要每节课都尽量让所有的学生动起来,思考起来,让学生成为教学主体,我们的课堂模式是否更容易走向高效课堂？

四、数学组冯艳老师的发言

教改中遇到的问题:

(1)稍难点的问题学生答不上来、答偏、答错,如果连续提问几个学生会耽误时间,还会影响课堂进度。

解决办法:把太难的问题细化,变成带启发性和有梯度性的问题更能促进学生顿悟。

(2)提问的学生水平参差不齐,提问展示时有的学生暴露的个性问题该如何解决,如果只解决暴露出来的问题,已经会的学生会不耐烦。

解决办法:课堂上黄金时间解决大部分学生都需要突破的问题,让绝大部分学生都有收获,极个别个性问题可课下解决。

(3)疑惑:学生展示和错题重做融合来检验本节课,是否达标,是否可行,还有待尝试。

五、英语组鲁长虹老师的发言

实行高效课堂改革以来,本人认真研读了我校课堂教学存在问题及对策学习材料。我经历了从期盼到探索再到赞同的一个过程,我认为高效课堂就是一个给学生展示自己的舞台,同时也给老师驾驭课堂的能力提出了更高的要求。通过这三周的听课学习,我受益匪浅,收获颇丰,而且还让我找到了自己和优秀老师之间的差距,虽然这些老师教改课的风格各异,但每一节课都有很多值得我去学习借鉴的地方。

教学改革难免有这样或那样的困惑,比如:

(1)如何让学生参与到词汇教学中来?传统的词汇教学是教师领读,学生跟读,然后老师讲解,学生背诵,最后是练习巩固和听写检查,所以讲解过程学生参与互动的少,而且记忆效果也不好。那么该怎样让学生参与到词汇教学中来呢?

(2)如何让内向的、成绩不太好的学生参与到小组讨论中并主动发言?自主探究与合作交流是学生学习的重要方式,很多公开课中也充分体现出小组合作学习的优势。但我在教学实践中发现,有一些性格内向的、成绩不太好的学生只作为一个旁观者,而不是参与者。在小组汇报中优秀学生发言的机会多,能得到更多的锻炼,但部分学生基本不想发言。久而久之,不发言的学生学习越来越困难,优秀学生越来越优秀,两极分化现象越来越严重。

(3)如果学生没有按照预定计划充分预习,又该怎么办?教改之路,任重而道远,我会一如既往地努力并不断地反思和摸索,来不断提高英语课堂教学的效果。

六、英语组陈远珍老师的发言

学校大力推行课堂教学改革,不仅提高了学科课堂效率,也给我们提供了一次跨学科听课的机会,让我们感受到了不同学科的精彩。我充分意识到,在平时的教学中,要变注入式教学为启发式教学,变学生被动听课为主动参与,变单纯知识传授为知能并重(三转),要让学生多阅读、多思考、多表现、多探究、多交流(五让)。课堂上,我们教师要努力做到让自己少讲、精讲,把更多的时间和空间留给学生。

在之前的英语教学中,我在课堂上对学生进行了知识检测、课堂讲授、布置课后作业等,但是对课前预习和课堂目标展示得不多,也不够具体。在近两周的教学过程中,我基本做到课前写好教学目标,课下布置预习任务,课堂上也尽量让学生多动手、多动脑、多开口。写好教学目标,可以让师生更清楚本节课任务,更有针对性。在课堂上,学生通过向别人清楚地解说某一知识点,来确认自己是否真正懂了,变被动学习为主动学习,学习更有效。学生做好预习,在课堂上才能更好地参与,听讲时才能抓住重难点。

但是,在实施的过程中,我也有几个困惑的地方:

(1)每天布置预习任务和作业前置,可是课前检查预习任务时,学生完成的情况不容乐观。部分同学敷衍了事,甚至直言作业太多,没时间预习。还有就是我们解决了前置作业的一些问题,课后巩固还要不要布置?如何更好地掌握学生的学习情况?

(2)英语词汇教学,提前布置学生预习几个重点单词,如果手头资料上有的话,学生预习起来比较简便,对资料上暂时没有的一些重点单词,学生也会动手去查工具书。但是存在的一个问题是,学生在内容的取舍上稍有欠缺。这个时候本想表扬预习做得好的同学,结果学生说得太多太细,就会耽误时间,导致课堂任务完不成。

(3)英语语言知识点和语法的教学,学生该如何更高效地参与进去?在和学生课后交流时,学生表示做好预习后,对理论知识会熟悉很多,但是用例句来阐述理论时,可能会由于情绪紧张和能力水平的限制,说出一些错误的句子或答非所问。如果老师打断,可能会导致学生下次不敢积极展示,这个时候我们老师该如何更好地引导学生呢?

叶澜教授曾认为,一堂好课没有绝对的标准,但有一些基本的要求,即扎实、充实、丰实、平实、真实。这几点,说起来好像很容易,真正做到却很难。因此,我们教师只有在不断地追求中来提高自己的专业水平,也希望和各位同仁共同探讨解决办法,争取让我们的课堂更高效。

七、历史组刘岚岚老师的发言

提到课堂改革,中国有,外国也有。为了顺应改革的潮流,一些名校把自己学校的教学目标和课堂改革的目标结合在一起,打造一个具有本校特色的课堂教学模式,如杜郎口教学模式、洋思教学模式等。关于这些模式,也有不少人在写研究论文时论述在该模式的运用下,学生的学习能力提高了,学生的学习方式发生了转变。

我的第一个疑问是:我们学校是不是也要打造一个课堂教学模式?关于学校的高效课堂改革,我也在思考,我想可能核心就是高效吧!要提高学生的课堂学习效率,逐渐转变学生的学习方式,由被动学习转变为主动学习。在这个过程中,起主导作用的还是教师。教师就像导演,如何高效地导演课堂的40分钟,要做好这些,就得认真地备好每一节课。个人的力量是有限的,得充分发挥集体备课的作用。

我的第二个疑问是:如何更好地安排高效的预习?由于预习的知识点较多,所以在检查的时候就会发现有很大的差别,程度好的、语言表达力强的、记忆力好的同学越来越优秀,而学困生却浑水摸鱼,差距就越来越明显。如何能更好地安排好预习?对于这个问题,我的做法是,首先预习任务要明确,全员参与,每个学生可能都会被检查。在课堂上展示的时候,基础问题交给程度一般的同学,难度较大的问题找学优生来讲述,先学带动后学,会的带动不会的。对于知识点,我还是会在课堂上抽时间补充和强调,不能完全交给学生来完成。总之,根据学情、课型、知识的难易程度来灵活运用课堂模式,切忌死板地套用模式。

八、地理组张继红老师的发言

在实施高效课堂的过程中,我遇到的一些困惑:

(1)如何调动学生的积极性?教改的重要思想之一就是要充分调动学生的积极性和主动性,课堂上很多学生虽然动了起来,但是大多数是侧重于动嘴而少了动脑,所以小组互动会不会流于形式?

(2)如何打造高效课堂?学生会的不讲。学生程度不一样,即便验收预习成果,也没法验收每个学生预习的真实情况,所以老师不太好把握哪些内容是学生能自己掌握的。

讲的是大多数学生不会的,这个过程需要老师展示,如果没有把握住学生会的知识,就容易出现讲授与学生脱节的问题,所以高效课堂需要把握好这两者之间的关系。

九、生物学组扶元老师的发言

下面谈谈我的一些教改经验:

(1)课堂时间问题。学生回答问题、展示成果、板书等花费时间比预想的要多,导致课堂内容少,无法达到预期效果。曾经听过张主任的一节课,给了我灵感,可以通过展台展示学生学习成果。

(2)当我们进行启发式教学时,会出现启而不发的现象。学生学习时,无法与相近学科进行知识贯通,这也是学生思维无法发散的问题。学习知识与实际生活联系较少,过于死板。实验课,让学生看视频,加深学生的理解,如果大家有好用的视频网站,可以一起分享。

(3)备课是很重要的,只有备好课,才能讲好课。备课,应该集思广益,探讨一节课怎么去讲好,怎么调动学生积极性,如何发散学生思维,这样才能讲好一节课。

十、生物学组彭亚娟老师的发言

教改要常态化,就要放开教学工作,不能拘泥于形式,毕竟每个学科都有自己的特点,而且章节内容不同,上课方式也不尽相同。

(1)展示环节:生物学科俗称小文科,除个别章节外,语言表述内容较多,所以学生的展示以口头提问、口头表述为主。

(2)讲练结合环节:高一新课大多章节需要两到三节课,内容不讲完,很多题没法做,所以不能做到节节讲练结合,不如把内容讲透彻,再通过习题课巩固提升。

(3)小组合作环节:小组合作实际操作有难度,所以我是通过设置小问题、多提问、随机提问的方式带动更多学生参与到课堂学习中。

十一、何存富副校长的发言

以上10位教师的发言,对我校教改思想理解深刻、见解独到,讲解全面细致、深入浅出,使与会人员对我校教改思想和基本流程有了更清晰的认识。希望大家精准理解,深入探究,积极实施,认真落实,让我校教改落地生根,开花结果!

十二、曹耀罗校长就教改问题作总结动员讲话

各位老师:

大家辛苦了!

这次会议很成功。感谢各位老师的思考、探索和积极参与。下面我强调几点:

(1)我校教改势在必行。教改是必走之路,任何问题和困难都阻挡不了我校教改的步伐。

(2)"教改先锋队"成员对教改的理解准确,你们敢于打破常规、积极探索的精神,值得肯定。希望你们不断学习、排除干扰、放下包袱、勇于尝试,继续发挥引领示范作用,将我校教改工作推向纵深。

(3)全校教师要进一步统一思想,增强教改的责任意识,认识到教改的迫切性,树立教改的信心和决心,抓住机遇,大胆创新,努力探索,全面落实,必须形成我校全新的教学特色。

(4)教改中还存在一些问题,如教师教育理念和学校办学理念及教改实践不相适应,课程管理与教学实践不相适应,师资队伍整体素质与教改理论水平要求不相适应等,都需要进一步解决落实。教改之路还很艰难,我们要有一定的思想准备。

(5)学校会加大力度,加强领导。希望各部门要增强意识,统一协调,精心组织,确保课程的顺利进行。同时,各年级要做好宣传,搞好培训,营造教改氛围,掀起我校教改新高潮。

谢谢大家!

教学模式改革备课组长研讨会会议纪要（一）

为进一步深化课堂教学改革，更好地提高学生的自主学习意识，发挥备课组长的引领、辐射、示范作用，进一步提高我校的教育教学质量，2022 年 5 月 23 日晚，我校“推进教学改革，打造高效课堂”研讨会在行政楼三楼会议室召开。曹耀罗校长、何存富副校长、高一年级主任易怀周、教科室主任黄光胜、教务处主任张绪勇和高一、高二年级全体备课组长参加了会议，会议由何存富副校长主持。

会上，高一年级语文、英语、思想政治、历史、地理学科备课组长，高二年级数学、物理、化学、生物学学科备课组长，分别就教改模式及教改实施过程中存在的一些问题发表了自己的看法并提出了合理建议，高一年级主任易怀周、高二年级与会人员郑方方分别汇报了本年级教改情况并进行了表态发言。会议最后，曹耀罗校长作总结动员讲话。会议纪要如下。

一、高一年级语文备课组长涂臣忠老师发言

（一）提出背景

针对当前大部分课堂气氛沉闷、教师讲得多学生课堂参与度低的情况，为了提高课堂效率，保证学习效果，学校提出“打造高效课堂”的要求就显得尤为重要。

（二）解决途径

学生的学习包括课前预习、上课认真听讲、课后复习巩固三个环节。要想提高课堂效率，学生在课前就必须做到充分预习，这样上课时才能做到主动参与、主动思考，这就需要教师在布置课前预习任务和检查预习上落实。

（三）存在的困惑及建议

(1)学生课前充分预习是保证高效课堂的前提，但六个学科都要预习，而学生可支配的空余时间极其有限。每天上午第三节课都安排有固定学科的练习，这就导致预习的时间被大大压缩，大部分学生不能做到充分预习，这必然会导致课堂出现学生启而不发的情况，再次进入传统的教师注入式讲解，否则教学任务很难完成。建议学校和年级组多一些宏观调控，给学生预留出更多的自主学习时间，保证预习效果。

(2)班级学生程度参差不齐，如何把控教学标准高低是个难题。处理不当，就会出现优生吃不饱学困生吃不了的情况，进而呈现两极分化的局面，不能保证绝大部分学生都能积极参与课堂，很难全面提高教学成绩。这对学科组集体备课和教师的个人备课提出了较高要求。

总之，高效课堂必须想办法让全体学生都动起来，动脑、动手、动口，积极思考，积极参与课堂，从而达到知识和能力都得到提高的效果，进而提高学习成绩。

二、高一年级英语备课组长李龙老师发言

结合近期的教学实际，我对英语高效课堂教学有以下几点体会：

（一）高效课堂的要求

(1)课前需要做好充分的准备。要实现课堂高效，必须在课前准备上下足功夫。对于老师来说，要科学合理地设计教学活动，备课不是单纯地写教案，而是必须备教材、备学生，其中备学生这个环节尤为重要。

(2)不断学习,加强对个人基本功的训练,尤其要在口语、教法、制作课件等方面下苦功夫。

(3)学生的自主学习很重要。根据山西忻州某中学的经验,把学生在课堂上的学习任务提前布置,给学生充足的自习课时间,通过学生的主动学习、提前预习,变学生被动接受为主动学习。

(4)小组合作探究,多给学生展示的机会。让学生带着问题听课,通过小组讨论,以向老师准确恰当发问的方式来提高课堂效率。

(5)课堂上给予学生及时、肯定的评价。评价和教学的内容是紧密相连的,多运用激励性语言。此次高效课堂教改课,多数上课老师非常重视对学生的评价,及时的肯定能激励学生积极参与课堂教学。

(二)高效课堂带来的积极效应

教改得到了师生的高度重视。从近期学校大力宣传,成立教改先锋队,听评课,集中研讨,到备课组长率先示范,层层推进。任课教师提升了境界,了解了教改的必要性,强化了危机意识和质量意识。

目前正在培养学生的预习习惯,让学生明白预习像课后巩固一样就是实实在在的学习,是高效课堂的重要组成部分,是教学的重要一环。

(三)关于推行高效课堂的困惑及解决办法

(1)依据我校课程表,学生是没有时间做好预习的。每天上午第三节课都有固定的学科限时训练,学生的作业只能在午休和晚上第一节自习课完成,而午休有的学生利用率不高。据了解,由于学生基础参差不齐,基础差的学生完成作业很困难,因此,预习对他们来说很难有效地落实。教务处要合理规划,科学安排。

(2)根据部分老师的反映,课堂模式固定化让人觉得操作起来不那么得心应手,感觉越来越不会教了,甚至害怕进课堂,如果学生预习不到位,课堂效果会大打折扣。因此,老师要根据学生特点,合理灵活运用课堂教学模式。

(3)关于小组讨论,简单的问题无须讨论,不能拘泥于形式。但是,真正困难的问题学生还是不会,讨论也解决不了,还需要老师去讲。

(4)课代表如何在预习环节发挥重要作用。预习环节需要课代表实实在在地组织全体学生积极参与,中途需要课代表进行提醒、督促、检查,因此每个学科至少需要两位课代表。

(5)有加大两极分化的可能性。基础不好的同学参与有困难,他们完成任务速度慢、效果不好,畏惧参加,久而久之被边缘化。建议教师实施分层教学法,尤其是问题设计,要遵循由易到难的原则,把握好梯度。

三、高一年级思想政治备课组长吴保友老师发言

问题一:教师专业素质与高效课堂要求还不适应。一是观念陈旧,面对新的高效课堂要求,不能尽快进入角色,没有彻底转变教学方式,没有树立“以教师为主导,以学生为主体”的意识,对学生独立完成学习任务不放心,不敢让学生自己发现问题、探究问题、解决问题,不能充分调动学生学习的热情以及学习小组的积极性,课堂沉闷,没有达到让学生动起来、课堂活起来、效果好起来的效果。二是教师驾驭课堂能力有待提高,要么放任,要么仍然控制课堂。在学生学习产生障碍,提升出现困难,产生歧义,甚至出现错误时教师点拨不到位,错过拓展升华的时机。三是教师缺乏激情,不能点燃学生思想,激发学生兴趣和学习激情。

具体对策如下:

(1)加强教师培训,用先进的教育思想武装头脑。强调“两唯”(唯生、唯学)教学,一切以学生为中心,构建全新的师生关系。重建两个关系,即教服务于学,师服务于生。围绕学习任务、学习目标,引导教师树立全新的教学观,遵照模式,有序进行,并在教学中创造性实践,经由“临帖—入帖—破帖”,最终达到不唯模式境界。

(2)建立教师集体备课制度。按照高效课堂要求,发挥学科教研组集体智慧,力争每一节导学案都要经教师个人备形成个案、学科组集体备形成共案,再由教师课前二次备形成学案、课中续备、课后补备等几个环节,力争每位教师上的每节课都成为全校同学科高水平的课。

(3)建立课后反思制度。教育家叶澜曾指出:一个教师写一辈子教案不

一定成为名师,如果写三年教学反思就有可能成为名师。学校要重视和加强教学反思,建立制度,落实任务,使之内化为教师的自觉行为,成为文化。

(4)打造一支骨干教师团队,引导教师转变角色,解决好两个问题:“让普通教师上不普通的课”和“让普通的学生学习不普通”。这就要求我们在教改中要抓典型,树标杆,发挥标杆作用,大力开展骨干教师上示范课,普通教师上达标课。

问题二:学生学习习惯、方法与高效课堂不适应。一是不会学;二是学习效率低;三是不善于合作学习;四是不能发现问题,解决问题。大多数学生习惯了教师讲、学生听的被动学习方式,教改后不配合教师。一些学生拿到导学案后,手足无措,无所适从,不知如何按导学案要求去学,预习速度跟不上课堂节奏,效率低下。学生不能借助学习帮扶对子、学习小组合作完成学习任务,多数课完不成课堂教学任务。

具体对策如下:

核心是会不会学的问题,没有训练过自主学习能力的学生不可能会学。如果单纯依赖喂,给双筷子也自然不会吃。

(1)加强学法指导。利用班会、课堂等对学生学习方法进行指导,引导学生自主学习,达到会学、学会、乐学、创学的要求。

(2)培养学生养成良好的学习习惯。要培养学生的预习习惯、读书习惯、思考习惯、自己纠错习惯、质疑习惯。抓好学习习惯养成的教育是一项长期工作,各年级务必抓紧抓实。

(3)加强小组建设。教改不仅是教师的事,要发动学生。光发动教师没用,给马车换发动机是没用的。各年级要把学习小组建设作为高效课堂建设的关键来抓,要选拔好学习小组组长,小组成员要分工明确,职责清晰。组长是学习小组的“火车头”“动车组”,要善于利用学习“领袖”,把任务下放给小组组长。要让每个学生都有机会当组长,有不同的角色体验。要无限放大展示,敢于直面问题。围绕反馈来做,要做好学生帮扶对子之间的测评,要把作业量减下来,当堂的问题当堂毕,课外尽量别留作业。

教改就是一句话,就是让学生直接和知识对话。变“配餐制”为“自助餐”,解决教师对教学成果的依赖性。要牢牢记住:学习是学生自己的事! 自己的事就让他们自己做主。

(4)教改的精髓,就是要落实在学生身上。校园里,让学生动起来,对此,我们要认真领会,大胆探索,建立学生教改组织。

问题三:评价体系不健全,制度不全,方案还不完善,评价手段单一,没有形成长效机制。

具体对策如下:

(1)建立学生小组评价机制。一是要建立激励措施,在每个班的门后设评价栏,分组、起组名,学生评价要及时,落实到小组,统计发言次数,及时给予评价,公布表现最优秀的学生,给予鼓掌、记红星等鼓励。学生都看重记红星,那是荣誉、尊严。二是要建立科学评价体系,评出日优秀、周优秀、月优秀、季度优秀、年度优秀、全校优秀。表彰月优秀、季度优秀、年度优秀、全校优秀的学生,让每位学生持续地充满激情。

(2)要建立以学评教的系统。不用学生来评教,不依据学生检验教学效果,不把学生放在眼里,课堂永远不会高效。检查督导组织要深入每一节课,对学生学习情况进行检查并以此评价教师,并将每节课评价结果的累积作为评价教师的重要依据。

(3)建立优秀学习小组、优秀学生、优秀教师表彰制度。开展优秀小组、发言积极分子、歌唱之星、书法之星、拾金不昧者、助人为乐者等评选活动,要定期组织优秀小组长、学生、教师作先进报告会,营造"比、学、赶、帮、超"的氛围,调动学生的积极情绪,增加学生幸福指数。

问题四:落实不到位。这个问题现在很普遍,虽然学校各项制度很全面,但因为只重视安排部署,缺乏抓落实环节,往往主意挺好,想法很新,但收不到预期效果,有些事虎头蛇尾,有些工作"雷声大雨点小,或光打雷不下雨"。

具体对策如下:

(1)强化抓落实意识。管理的最高境界就是落实。要建立督查反馈总结通报机制,改革学校管理体制,减少管理层级,提高各层面执行力,杜绝"中梗阻"。

(2)抓细节,细节决定成败。学校没啥大事,我们将一件件小事做好就是不简单。细微处见精神,随时发现问题随时整改。

只要我们牢固树立以教学为中心意识，把提高教育教学质量作为重中之重，坚定不移地推进高效课堂建设，努力工作，就能实现教育教学质量稳步提升。

四、高一年级历史备课组长梁义老师发言

教师备课三个环节包括：

(1)教案。(突出教学课堂设计)

(2)导学案。(重在导学、点拨、拓展、规范)

(3)固学案。(是课堂学习的课后延伸)

师生互动的三个基本步骤：

(1)课前预习。(巩固基础、预习课本、通研学案、了解新课的学习目标和重难点、完成学案部分习题、整理新发现、提出新问题)

(2)课中合作探究。(学生自主学习，小组合作探究、展示、点评，提出问题，教师进行点拨、规范、拓展等)

(3)课后积累提升。(独立完成学案、整理笔记错题和反思得失)

但要真正实现高效课堂还需认真落实五个教学环节：

(1)精心制定学案，指导学生课前预习和自学。

需要注意的是所设计的自主探究问题，一是要适度，即问题的设置要紧扣教学的重点、难点、关键点，做到难易适中，能激发学生的好奇心和求知欲，让学生“跳一跳就能摘到桃子”；二是多视角选择最佳切入点，设置的问题既要新颖又要富有启发性；三是要有梯度和层次性，由易到难，由简到繁，由具体到抽象，步步推进，逐渐接近问题的实质；四是探究问题的设置，要符合学生的认知水平和能力，要注重思维含量，问题要有思考价值，避免学生产生畏难情绪，以维持学生思维的活跃性。

(2)自主学习，合作探究。

探究学习，重视学生主体体验。这一步骤的学习以学生合作互动方式交流、研讨、探究预设问题为主，学生充分参与和体验学习。

首先，教师组织学生展示各自的学习成果，完善各自的认识。教师还要

从中给予学法指导,强调学生动笔表达,初步实现教学目标。其次,小组互动交流,共同探究问题。先由组长代表本组同学展示学习成果,然后全班同学自由讨论。每位同学都要认真倾听他人的意见,反思自己的学习过程;有不同看法可以大胆质疑。最后,由老师总结、评价学生活动成果。

(3)教师精讲点拨。

教师根据学生在课堂学习中出现的问题和困难进行精讲点拨,帮助学生突破重点、难点,领会方法,提高思维和表达能力。

(4)当堂检测,巩固新知识。

这一步骤的学习要强调学生对新学知识的迁移与应用,检验对知识、方法的掌握程度,要求当堂训练,试题按能力层次编制,重主观题,重书写表达。

(5)总结提高,布置新任务。

教师可以通过板书提纲或幻灯片演示来帮助学生建立本节课的知识体系,引导学生思考和建立新旧知识联系,概括、整合、拓展,体验收获,反思提高,然后布置课后作业与新课预习任务,将知识的学习、练习和应用紧密联系起来。

五、高一年级地理备课组长黄光胜主任发言

(一)对“导学”环节的认识

高效课堂的主体是学生,以学生为中心,关注学生的自学、互学和合作学习,教师的作用应是以导促学。我个人理解“导学”主要包括导目标、导提纲、导思路几个环节。导目标即导学习目标,要求教师必须板书在黑板上,引导学生明确本节课所学内容的具体目标,让学生学习做到有的放矢;导提纲(纲要)和导思路,建议最好使用导学案,让学生围绕导学案自学教材,或利用工具书(地图册)、学习资料来获得新的知识,或让学生结合设置的问题自学本节课的重点、难点和疑点内容,不必求全,这样容易起到事半功倍的效果。

(二)对教师课堂讲授(点拨)的认识

把握“三讲”“三不讲”原则。“三讲”就是易错、易漏的知识讲,重难点

讲,有拓展性内容的知识讲。“三不讲”就是学生会的知识不讲,学生通过自学能学会的知识不讲,讲了学生也不会的知识不讲。如何把握这个度是个技术活,教师的教学经验尤显重要。一是要求教师当好课堂的观察者,随时关注学生,及时把握学情,做到心中有数。二是要求备课组长在备课会上多研讨学法、教法和教学策略,关于如何突破重、难点,如何选择典型题,如何进行知识拓展,如何合理板书和课堂小结等,对青年教师尤其是近两年才进校的新教师多指导、多强调、多要求。青年教师成长快,团队才有战斗力。今天到会的都是学科内的行家里手,对青年教师的培养重任在肩,更是义不容辞。

六、高二年级数学备课组长王东老师发言

(一)备好课

要想备好课,首先要备课本、备知识、备方法、备学生,要了解学生已经具备哪些知识与技能及解题方法,学生能解决哪些问题。另外,我们有数学一轮复习学案,每一位教师要提前把学案看一遍、做一遍,然后在集体备课的时候再一起商讨学案,做好基础工作,再根据本班学生情况量体裁衣。

(二)做好学案预习检查工作

每天讲课之前让学生做好对学案的预习工作,然后教师要查看与询问,了解学生自学情况、预习的效果,发现学生出现的问题,记录一些典型错误和典型方法,大多数学生不会的问题要做好记录,课堂上重点探讨研究。

(三)处理好师生关系

要理解和尊重学生,对待学生应一视同仁,多了解学生,关心每一位学生。只有更好地激发学生学习数学的兴趣,调动学生学习的积极性,学生才会喜欢跟你在课堂上互动与配合,才会喜欢上数学课,才会让枯燥的数学课堂充满生气。我们只有事先做好了这些工作,才能更好地驾驭课堂,才能更充分地引导学生自主学习、合作探究,引导学生积极参与、独立思考,最大限度地提高课堂效率,打造高效课堂。

（四）做好课后辅导工作

每节课后教师应该留对应的练习作业或限时训练，并及时、认真批改学生的作业，对个别学生出现的个别问题要单独辅导纠正，对典型错误的题目及时向学生反馈，并加以指导与纠错。多辅导、多交流，才能保证大多数学生在课堂上跟得上、听明白、学得会。

通过教师的指导与引导和学生的积极主动学习、自主探究、总结归纳，学生定会有收获、有提高，师生共同努力，相信一定能打造我们数学的高效课堂。

（五）教学中存在的问题

(1)注入式教学法仍然存在。数学课堂中教师要少讲、精讲，让学生尽量多表现、多探究、多交流，把更多的时间和空间留给学生。

(2)班级学生人数多，层次差别大，一节课学生展示的机会有限，不能让更多学生参与其中，可能出现马太效应。

(3)数学学科内容多(尤其是理科数学)，过多留白，规定时间内高考考查内容的完成受到影响，高考不仅仅是能做对的问题，更是熟练程度与做题速度的问题。

七、高二年级物理备课组长杨春老师发言

（一）教学困惑

(1)教学任务繁重。高中阶段的物理知识点多，高中物理实验多，很多时候为了按时完成教学任务，基本都是“一言堂”。

探究性实验没条件去实验室做，演示性实验连演示器材都没有，导致实验不得不靠讲。实验光靠讲，效果差得很，基本是前面讲后面忘。这种教学方式，的确让学生没有时间和机会参与教学活动，制约了学生自主学习的能力，限制了学生的思维。教学方式单一，不仅激发不出学生的学习兴趣，而且连我们自己讲着讲着也觉得乏味无趣、缺少激情。所以我的困惑是，如何能在保证课堂教学任务顺利完成和提高教学效率的基础上与学生一起探究，培

养学生的综合能力。

(2)班级容量大,很难做到关注全体又关注差异。每班都在60人以上,如何让60人都有效地参与到课堂活动中来,并且还要做到活而不乱,收放有度,这也是我的一个困惑。很多学生就喜欢利用小组讨论、板演时做与学习无关的事。

(3)学生水平参差不齐,教学内容把控不住。同样的问题,让不同学生来讲,或是板演,用时不一样,甚至差别很大。经常出现这个班讲了10道题,另一个班只讲了8道题,剩余的2道题下一节课还讲不讲的情况,我也很困惑。学生广泛参与后,基础好的班级,上课效率的确提升了,基础差的班级,上课效率反而下降了,导致分化越来越严重。班与班会出现分化,同一班内,学生间也会出现分化。

(二)对于教学困惑的反思与对策

(1)完善教学内容,创新教学形式。在高中物理教材中,虽然内容繁多,但是我认为教学的目的不在于将教材上的所有知识都讲给学生听并要求其掌握,而应该是用对教材例子的讲解,让学生得到学习和获取知识的方法和能力。因此,在实际的教学中,教学内容要做到合理取舍,选择具有代表性的内容进行讲解,注重培养学生举一反三的能力,这样就不需要面面俱到了。多为课堂教学“留白”,让学生有时间和机会进行自主分析、探索、交流和表达,让学生得到学习能力的全面提升。

(2)真正确立学生的主体地位,注重学生的自主学习,还要善于做学生的思想工作,让他们相信自我,愿意自我展示,从而增强自信心,体会成就感。既然想突出学生的主体地位,那么还需要给学生更多自习时间。

八、高二年级化学备课组长刘彬老师发言

(一)教学目标的设计

逆向设计教学目标,目标先行。单元整体需要达到的目标,分解、细化到每课时的小目标,尽量使每节课的学习思路、方法相同或相通,使学生学习过

程具有阶段性的连贯性和规律性,使知识不再碎片化、孤立零散,而是万变不离其宗。

(二)预习布置,问题提出

预习内容具体,重质减量,问题设计精练,问题展现形式多样化,可打乱资料编排顺序,另加文字活页、微课视频、课件等进行补充,老师下题海,学生才能上岸。

(三)课前一题

教师提前安排一题讲解给学生,对讲解试题,教师要先审核,人人参与,随堂抽查评讲。

(四)问题思考展示

留足时间,动静结合,展示环节提问不少于5人。

(五)课堂评价

有展示就要有评价,多鼓励,找优点,促提升,"仪式感"要足。给"小老师"放权要足,老师多走下讲台,学生多走上讲台。

(六)反思

重视学生当堂反馈,临时生成问题更要及时处理,及时小结。

(七)讲练结合

进行一轮复习时,讲基础、讲过程、讲思维模型,打通知识内在联系,让学生参与讲解全过程,亲身体验,将思维外显,将知识内化。

九、高二年级生物学备课组长虞勇兵老师发言

（一）改革的必要性

目前，我校教学存在教师课堂一讲到底、学生听课完全被动接受的问题，导致效率低下。老师感觉累得不行，学生听得昏昏欲睡，所以要进行教学改革。

（二）教学改革推行遇到的困难

(1)学生参与交流和讨论的时间多了，有时会造成课堂教学任务完成不了，留下一些尾巴，下一节课又得补上，影响下一节课的教学内容。

(2)部分学生基础差，预习不能完成，难以赶上节奏，导致课堂师生配合不好。

（三）解决办法

针对教学任务不能当堂完成的问题，我们组经过讨论，采取加强备课、精心设计课堂结构、大胆取舍等措施。加强课前的预习检查，基础知识让学生课前突破，为课堂留出时间，问题设计更加合理。

在今后的教学实践中，可能还会遇到其他问题，但我们相信办法一定会比困难多，打造高效课堂刻不容缓，也势在必行。

十、高一年级主任易怀周作教改工作汇报和表态性发言

高一年级在学校的领导下，从上学期开始贯彻教改思想，落实集体备课教研改革，使用导学案及固学案，实行分组教学，积累了第一手的资料。本学期在学校领导下，围绕教改做了以下工作：

(1)备课组。实行教研集体备课，每次集体备课前各组进行教改动员，学习教改新思想，由组长及教改小组成员分享教改课体会等。

(2)年级组集中召开了两次教改动员会，印发了学习材料，人手一份。在

第二次动员会上，组织所有教师集中观看学习曹校长的评课讲话，零距离感受教改思想。

(3)配合学校教学领导组，成立文科、理科教改先锋小组，并坚持听课、评课、全程录课，带头上教改研讨课。

(4)组织各组备课组长上高效课堂研讨课，并评课。发挥组长的带头示范作用。除化学学科李晓果组长请产假外，其他学科备课组长均参与。化学学科由我上课并组织评课。

(5)在开学初召开了两次主题班会，指导学生积极参与高效课堂，做好预习，加强自主学习能力，介绍学习金字塔及费曼学习法等教学新思想，积极构建学生心目中的高效课堂。

(6)组织了两次班级分组动员工作会，强调学习小组的组建及重要性，并安排各班上交最新分组名单，并印发给各任课教师，讲台上必须要有标注清楚的分组信息图。

对于高效课堂改革，一直在一线工作的教师都深有感触。有人说过，传统课堂是“地心说”，学生跟着教师转；而高效课堂则是“日心说”，学生是“太阳”，教师要绕着“太阳”转，这才是正确的。一节高效课的核心是自主、合作、探究，高效课堂成败的关键是看学生的自主程度、合作效度、探究深度，简而言之就是“学生动起来”。但是，我们也要清晰地认识到，一节优质的高效课，是由教师和学生合力打造而成的，教师的作用不容忽视，尽管教师不再是课堂的主角，但教师仍然决定着一节课质量的好坏，教师是一节课的“总导演”。有什么样的教师就有什么样的课堂，有什么样的课堂就有什么样的教育，有什么样的教育就有什么样的学生。所以，我们高一年级全体教师，要积极转变思想观念，紧跟学校教改步伐，践行我校高效课堂“三转五让”“三策四到位”课堂操作，虚心求教，潜心研究，提升自己的教育教学水平，争做教改的排头兵，早日打造属于我们自己的高效课堂。

各位老师，在曹校长的正确领导下，我校高效课堂教学改革已经取得了显著成效，为了进一步全面深化新课程改革，现在我校又召开备课组长动员大会，意义深远。

作为年级主任，我始终站在学校教育教学的第一线，顾全大局，积极配合学校的课堂教学改革。一是全力宣传教改的意义，提高广大教师对教改的认识；二是认真督促我们组教师做好教改由示范课、公开课到原生态课堂的转变，为下学期深化教改做好铺垫；三是协调班主任与科任教师，共同建立教改的班级学习小组评价机制，协助年级组与班主任做好学习小组的建设与管理；四是深入课堂，跟踪检查课堂教学改革的实施情况，为学校教改领导小组及时提供第一手资料。

明末清初大思想家顾炎武有一句名言——“智者不袭常”，我校高效课堂教学改革的号角又一次吹响。让我们突破常规教学模式，走在课堂改革的潮头浪尖。

十一、高二年级与会代表郑方方作教改工作汇报和表态性发言

（一）推行教改以来，高二年级组做的相关工作

(1)年级组召开了三次教改动员大会，组织集中学习，向教师传达我校教改思想，解读教改的基本流程和方法，统一了思想，提高了认识。

(2)召开班主任会议，让班主任利用主题班会向学生传达我校教改理念，教会学生如何更好地配合教改工作，各班优化了班内的学习小组。

(3)进一步加强对上午第三节各组集体备课的管理，提高集体备课的时效性，更好地为教改服务。

(4)为了解决教改中学生预习时间不足的问题，年级组对课程表进行了调整，每天晚上第一节自习课被空出来了，增加了学生预习的时间，收到了很好的效果。

(5)组织年级组成员、各科备课组长带头上教改示范课，各位上课组长准备充分，各位教师听课认真，评课及时，进一步优化了教改课堂结构，同时也调动了其他成员参与教改的积极性。下一步年级组会再在各组选出一部分骨干教师上教改示范课，继续展示榜样的力量。

（二）表态发言

“路曼曼其修远兮，吾将上下而求索。”在以后的工作中我们会进一步统

一思想，提高认识，不断提高高二年级教师教改参与的广度和深度，做实课堂细节，以教改促进教学质量的提高，从而形成教改课堂新常态。

十二、曹耀罗校长作总结动员讲话

尊敬的各位备课组长：

大家晚上好！

今天我讲话的主题是“解放思想、转变观念，坚定信念打造高效课堂，走改革强校之路”。

教育改革、教学改革是新课程目标、新教材改革、新高考改革的需要，是我们学校求生存谋发展的需要，是我校在教学上提升课堂效率、减轻教师负担、提升高考升学率的需要，是尊重学习规律、培养学生素养、促进学生全面发展、为学生未来发展奠基的需要。

课堂教学改革、学校教育改革必将是一场长期的、复杂的、艰难的系统工程，甚至会阻力重重，需要改革者们有一往无前的勇气、坚定无比的信念、超脱灵活的思想和精卫填海的毅力，需要有思想坚定、务实前行的吹哨人、领跑人、见证人和督促者，需要一群志同道合的践行者、拓荒人。教育教学改革永远在路上，在这条荆棘丛生的道路上，我有决心、有恒心、有信心带领大家将课堂教学改革进行到底！教育教学改革是一项庞大的工程，更是一项校长工程。使命不止，信念不息！

因此，在座的每一位组长，务必解放思想、转变观念，与学校的教学改革思想保持高度一致，宣传鼓动，强力推进。组长要身先士卒、批评懈怠、督促落后、树立标兵、带动全组。先知先觉，先试先行，虽有困难，却是一种幸福的烦恼；后知后觉，后试后行，最终也要进行，终究是一种痛苦的无奈。

课堂教学改革，说到底是一种思想的改革、理念的改革。进行课堂教学改革，目的是解决课堂教学（课堂活动）的有效，再到课堂教学的高效问题。高效课堂改革，首先要搞清两个问题：课堂是谁的课堂？（学生还是老师）课堂是干什么的？（只是教师教还是只是学生学）教学=教+学；学习=学（获新知）+习（温旧识）。

高效课堂的评价标准有很多,我认为,重点要掌握两点:一是要“动”起来,让尽可能多的学生真正参与到学习活动中来,体现合作学习(动口);二是要“静”下来,提高学生思维的深度(动脑),让学生自主学习(动手)、探究学习。

课堂教学改革的核心是“学生的发展”,注重的应该是学生内涵的发展,不是变换学生座位,也不仅仅是更换一下教学方式。主要是相信学生、解放学生,让学生真正成为学习、生活的主人,是“演员”,而不是“观众”,坚持课堂是学生的课堂的原则。课堂教学改革在高效完成教学目标的同时,通过课堂教学的各种教学方法和教学活动,完成课堂教育目标,培养学生全面、综合素养,达到课程设置目标,为学生的发展打下坚实的基础。

课堂教学改革,大致要经历三个阶段:有模式—无模式—有模式。改革之初,借鉴别人的先进经验,用的是别人的模式,是“有模式”。随着改革的深入,别人的模式越来越不好用,流程不流畅,效果不理想,自己的模式还没有形成,是“无模式”。但此时的“无模式”已经有了一个很大的进步,这一时期,是新旧模式磨合取舍阶段,内涵远远高于改革之初的“有模式”。改革最后,形成了独具特色的模式,有了属于自己的范式,是“有模式”。这个“有模式”与第一个“有模式”已经有了天壤之别。当然,最后的“有模式”,更多的是一种理念,是一种思想,是一种框架,是一种现象,而不是一种刻板的流程或模式。

我们现在强力推进的高效课堂改革,并不是标新立异或者无中生有,而是在我们学校原有课堂模式(课堂流程)的基础上继承与发扬,通过规范我们学校从前课堂模式中许多优秀的、宝贵的项目,同时汲取名校的成功做法而来,有传承,有创新。目前,我们学校的高效课堂改革是摸着石头过河,是课堂初步建模阶段,核心理念就是“三多三全”(学生多动手、多动嘴、多动脑,全员参与、全时参与、全神参与)和“三转五让”(转注入式教学为启发式教学、转学生被动听课为主动参与、转单纯知识传授为知能并重,让学生多阅读、让学生多思考、让学生多表现、让学生多探究、让学生多交流)。就是反对教师从头讲到尾、一题讲到底,反对教师在课堂上用自己的光辉遮掩学生的光芒。高效课堂改革的起点是有效,落脚点是高效,任何一种教学方式方法都要服务于本节课的教学内容，服务于本班学生学情，有效、真实，不是迎合和虚无。不真心、不用心、不尽心的课堂教学改革都是违背教师职业操守，违背教师的育人品德的。

教学改革是一项系统工程，不是单一举措。我们还会陆续进行集体备课改革、作业考试改革、学校课程改革、班级管理改革、师资培养改革等一揽子工程，并不断派出愿学习、愿改革的领导、组长、骨干教师外出学习观摩，解放我们的思想，提升我们的境界，重塑我们的课堂。

创新无止境、改革多磨炼。任何改革都不是一帆风顺、一马平川的，教学改革的路上有困难、有苦难、有挫折、有失误，甚至有错误，但只要是真心想把课堂教学搞好，这些失误、错误是能被包容和理解的，我们也一定能不断地积极探索、真诚应对，不断解决出现的问题，一步步地稳步前进，最终取得出彩成绩。

教学模式改革核心组成员研讨会会议纪要（二）

为全面贯彻落实我校“提升学校办学水平，促进教师专业发展”的办学理念，坚持典型带动、示范引领，锻造高效课堂名师队伍，探索高效课堂研讨新路子，2022 年 6 月 13 日晚，我校高效课堂核心组成员研讨会在行政楼四楼召开。曹耀罗校长、何存富副校长、高一年级主任易怀周、高二年级主任张坤、高三年级主任简中江、教务处主任张绪勇、教科室主任黄光胜参加了会议，会议由校长助理周修华主持。

会上，全体与会人员结合我校工作实际，分别就下阶段如何持续推进高效课堂改革、如何破解前进中遇到的新问题等课题进行了深入的讨论并提出了建设性的建议，会议纪要如下：

一、高一年级主任易怀周就教改问题谈自己的看法

高效课堂教学改革在学校领导引领下，高一年级组积极行动，从教改先锋小组组建到备课组长教改研讨课，目前已横向铺开，接下来想从备课组层面纵向推进，具体措施如下：

(1)各备课组长上示范课，已经安排课表，纵向推开。从教改先锋小组成员到组长上示范课，各位教师通过听课、磨课、研课等方式，进一步熟悉高效课堂的流程，进一步明确高效课堂改革的意义。所有教师都要明白教改的意义是让学生动起来，主动学习，主动研讨，展示学生的内在学习动力，让学生从内心开始觉醒，从而推动高效学习。

(2)借助中考考试前的月考,考后组织学生写心得体会,并通过演讲比赛、升旗仪式等活动进一步激发学生高效学习的动力。

(3)在集体备课上下功夫,督促各组集体备课时要把重心由重知识转向重方法(教法和学法),将教改推向一个新的高潮。

教改之路,任重道远,虽远必达,我们高一年级组定会上下齐心,共同发力,在轰轰烈烈的教改浪潮中实现自我成长,向名师大师看齐。

二、高二年级主任张坤就教改问题谈自己的看法

(1)预习过程中的问题。教师对学生的预习重视不够,没有深入细致地研究,没有认真地组织安排,学生之间的对学、群学过程没有落实。学生的预习基本上还流于形式,教师对哪些问题是学生能解决的,哪些问题是学生解决不了的,还没有做到心中有数。

(2)展示过程中的问题。现在的展示活动只是过去教师讲解的一种替代,失去了展示的本来意义,并且这种替代式的展示,让教学活动变得肤浅和直接,课堂上看起来热闹了许多,但热闹背后,学生能力培养成了大问题。同时,由于学生的参与度不高,很多学生还不能真正地动起来。

(3)学习小组的建设问题。从学生的活动情况来看,目前的学习小组还是一个松散的组织,没有形成合力,小组长的职责还不明确,组内各成员之间的相互帮助、相互检查还不能落实,导致少数基础差的学生还不能认真地参与到学习中来,教师对学生的学习落实情况也不太清楚。

(4)学习评价中的问题。教师们仍然以学生的学习结果作为评价的主要依据,没有把学生的学习过程和劳动付出纳入学习评价中来,评价方式比较单一,学生之间的点评还不能形成争论的话题,不能真正发挥学习评价的激励、纠正、导向、指导、深化等方面的作用。

总之,改革不仅要改革课堂,更要改变教师和学生。改变教师的教学方法,改变学生的学习方式,让学生真正成为课堂的主人,让他们充分展现个人风采,彰显人格魅力,在生活和学习中成为快乐的人,这才是教改的价值及目的所在。

三、教务处主任张绪勇就教改问题谈自己的看法

(1)让学生动起来的课堂教学模式目前已得到广大教师的认同,更坚定了学校走课堂教改之路的信心。

(2)推动课堂教学改革的困难在于传统课堂的讲授方式在大部分教师思想意识中根深蒂固,短时间内不易改变,所以要通过多听课、多检查等方式进行督促。

(3)通过组织会议、开展活动、观看优质课教学视频、听专家报告、外出学习、悬挂条幅等方式进一步营造课堂教学改革氛围。

(4)课堂教学改革常抓常新,不可能一蹴而就。推动教改,提高课堂教学质量和教师专业素质,是提高教育质量的关键举措。

四、教科室主任黄光胜就教改问题谈自己的看法

经过前面的听课、上课和评课活动,我个人认为,除学校要求的高效课堂基本环节外,高效课堂还应该具备如下基本特征:

(1)明确学习目标。学习目标是一节课的核心,课前围绕它准备,课中围绕它展开,课后围绕它巩固。课堂有没有实现学习目标是评判这节课成功与否的重要标志。

(2)体现学生学习的主动性。调动学生学习的积极性和主动性,倡导学生主动参与、乐于探究、勤于动手,这是新型课堂的显著特征。课堂要充分保障学生自主学习的时间,确立学生的主体地位,教师要通过有效地引导,将学习的过程转变为学生不断提出问题、解决问题的探索过程。教师更多地要关注学生的学习过程和方法,关注学生用什么样的方法、通过什么样的途径获得知识。

(3)坚持尊重、赏识教育。高效课堂应强调尊重、赏识,尊重是赏识的前提,教师要尊重每一位学生做人的尊严和价值,尤其要尊重学习成绩一般的学生、有过错的学生、被边缘化的学生。教师还要善于用不同的方式赞赏每

一位学生,如赞赏学生的独特性、兴趣、爱好、特长,赞赏学生所取得的哪怕极其微小的成绩,赞赏学生所付出的努力。

(4)关注学生的非智力因素。要引导学生养成良好的习惯(观察习惯、阅读习惯、质疑习惯、探究习惯等),学会正确的学习方法(观察方法、思维方法、探究方法、分析问题和解决问题的方法等),形成正确的观念和健全的人格,增强责任意识,培养全面的素养和能力等。

(5)做好随堂演练检测。当堂训练是对学习目标的有效巩固和对学情的有效反馈。训练应紧扣学习目标,并根据学科特点精心设计,同时要充分考虑到学生的个性差异,实行分层要求,要保障训练的时间,确保学生独立完成,力争做到学情反馈真实有效。

五、校长助理周修华就教改问题谈自己的看法

高效课堂改革已经由“浅水区”逐渐向“深水区”迈进,这个过程必定是艰难的、痛苦的,同时也是坚定的、不可动摇的。这个过程必定会触发很多矛盾,带来很多连锁反应,出现很多新的问题。要着力抓好三个关键点,发挥三个关键作用。

(1)备课组长的示范引领作用。备课组长是一个备课组的核心,是其他老师的标杆和榜样。备课组长要带头学习理论、熟悉流程、重在实践,带领本组老师人人示范、反复示范,形成人人参与、个个争先的良好氛围。

(2)班主任的沟通协调作用。班主任是一个班集体的主心骨,是班风、学风建设的承担者。班主任要全面领会学校教改意图,认真落实好各项具体要求,营造积极向上的课堂环境。

(3)充分发挥教改组成员的先锋作用。教改组成员都是理念先进、教改意识强烈、操作比较熟练的老师,他们的课堂已经打磨成型了。学校和年级组要搭建舞台、创造条件、提供保障,让他们大胆探索、先行先试、总结反思,为学校全方位推进高效课堂积累经验。

六、何存富副校长就教改问题谈自己的看法

(1)加大宣传力度,要宣传打造高效课堂取得的成绩,宣传教改先锋的贡献。

(2)对教改先锋进行表彰激励。

(3)抓关键人——备课组长。

(4)可组织观看优质课视频,进行直观学习。

七、曹耀罗校长就教改问题作总结发言

(一)总体思考

(1)两个年级的高效课堂落实是真的落实还是做样子?学校在高效课堂推进过程中发现什么问题?想什么办法?解决什么问题?解决到什么程度?

(2)关于班级小组分组情况的材料以及教师记准学生姓名的问题有何思考和措施?是否落实?效果如何?

(3)谁来准备"学习金字塔"理论、"三多三全三策"、"三转五让"、课堂流程的材料?

(4)不换思想就换人。备课组长、年级主任的服从力、执行力能否落实到位?

(5)关于教改要大会讲、小会讲、人人讲。

(6)在高三第一轮研讨会中举全组之力推进高效课堂模式。

(7)要积极召开各层会议。(教改组成员会议、备课组长会议、班主任会议、教师培训会)

(8)要抓典型(好、差),学校对"教改明星"大力弘扬和表彰,并进行精神和物质奖励,积极组织教改小组外出学习,教改感悟演讲、平时课堂评价、评选教改能手。

(9)教师要进行高考题试做并写出感悟。

（二）听课发现的问题

(1)课题组核心成员要经常随堂听课,不评内容,只点评课堂流程、授课模式、教法学法。(多听真评实讲)

(2)杜绝抓紧了“一阵风”,不抓又恢复原样的问题。要想办法解决问题。

(3)课堂流程不规范。教师的课前准备工作不到位;课中学生动手计算、动脑思考不够,一发现问题就告诉学生答案,单纯教会学生知识;课后没有预习小结或比较仓促,备课重内容,轻教法和学法。

(4)教师调动学生思想认识、思想转变不到位。

教学模式改革班主任研讨会会议纪要

一、高一年级班主任韩林飞的发言

尊敬的各位领导、各位同仁：

大家晚上好！

今天我们在这里召开高效课堂研讨会，我们在学习了“光山高级中学高效课堂”的基本理论，领会了学校教学组领导的讲话精神，借鉴了大家在打造高效课堂的一些具体做法、经验的基础上，进一步研讨推进高效课堂的全面实施。作为班主任代表在这里发言，我很荣幸，也深感惶恐，在各位理论高深、经验丰富的前辈、专家面前纯属班门弄斧。下面我就推进高效课堂的实施与班级的统筹管理之间的关系谈几点看法，不妥之处，请大家指正。

首先，我们在具体推进课堂教学改革的实践过程中，班级遇到了很多困难和问题。比如：①学生对新的课堂模式不熟悉，不适应，学生与老师的配合比较生涩。②部分学生思想上认识不到位，不愿意去主动学习，去主动获取知识。③学生预习不到位，浮于浅表，发掘不到深层次的知识、问题。④有的小组过于活跃，活动起来难以控制；有的小组过于内敛，总是动不起来，小组成员各搞各的。⑤学生上台展示时，不大方，声音小，面朝黑板。⑥课下完成作业打折扣，不能保质保量完成作业等。这些方面的问题给我们推进高效课堂带来了很大的阻力，我们务必解决好这些问题，才能稳步扎实地推进高效课堂的实施。

针对存在的问题,我和学生做了比较多的沟通,也有一定的思考:①学生不太了解我们新的课堂模式,班主任要给学生多讲我们的高效课堂模式,老师上课的时候和学生磨合高效课堂模式,先让学生从形式上知道课堂的行进流程,再在实践中找到操作的方法,去熟悉、适应这种课堂模式。②班主任给学生多讲这种课堂模式的理论依据及对学生学习成绩促进的优势,让学生能认识到这种课堂模式的高效性,能体会到主动学习对其学习的促进,进而从心里认同,这样才能积极参与课堂活动。③学生的预习不到位的情况可以通过给学生分小组,让其相互督促,相互提问解决,以便能挖掘出深层次的问题,获取新的知识。或者把深层的疑问找出来,留给老师课堂解决。④小组成员的分配要合理,不同层次成绩搭配,学生性格内外向搭配,性别组成合理,以及适当考虑学生的非正式群体关系。⑤学生要多上台展示,教师多点评指导,多一些鼓励,先把少数的苗子培养优秀,再让他们示范、带动、影响其他学生的成长。⑥学生作业完成得良莠不齐,一是部分学生认识不到位,老师多做其思想工作,提高其认识;二是部分学生不自觉,需要督促,可以建立小组督促机制和课代表督促检查机制,发挥小组效用和课代表引领的作用。对于课堂教学改革,我们一直在探索学习的路上。

最后,班级要统一思想,坚定目标,也让教改思想在这里生根发芽、茁壮成长。课堂教学改革是一个系统工程,具有长期性和艰巨性特点,我们必须要一以贯之,长期坚持。我们要给学生做思想工作,解释课堂教学改革的先进理念以及现实意义,让学生解放思想,统一认识,形成共识,积极参与到课堂教学中来,这也是我们课堂教学改革的一个重要目的。课堂教学改革,说到底是一种思想的改革、理念的改革,要让学生充分认识到学生才是课堂的主体,而教师只起主导作用。思想上的变革会让学生成为课堂的主人,尽可能多的学生甚至全员就会真正参与到学习中来,提高学习的效率,增强学习的效果,进而提升教学成绩。我们一定要有一往无前的勇气,坚定无比的信心,将课堂教学改革在班级中强力推进。

我的发言完毕,请大家不吝赐教,谢谢!

二、高一年级班主任万方胜的发言

尊敬的各位领导、各位班主任同仁：

大家晚上好！轰轰烈烈的高效课堂改革在全校已推进一月有余，各学科教师已在课堂上进行了改革，学生已逐步由刚开始的不适应、排斥转向配合。因为改革之前，课堂模式决定老师讲得多，学生被动接受知识，老师对学生参与课堂的程度感受不到或感受不明显。目前我观察到学生已开始慢慢适应与接受，参与课堂，积极思考、发言展示自己，让自己尽快立足课堂，融入课堂中。

在实施课堂改革班级采取的措施及实际操作中存在的问题主要包括以下几方面。

(1)课堂改革，首先利用班会广泛多轮宣传，让学生明白课堂改革势在必行，就是要改变以往课堂沉闷和效率不高的状况。通过改革课堂，人人参与课堂，让学生多表现，多交流，有效利用40分钟课堂，在课堂上掌握更多的知识，并在课后利用这些知识解决问题，理科学生多做题、多总结。

(2)教改要求，进一步优化班级学习小组，每组6人左右，根据成绩及学习习惯重新编排、调配，缩小组间差距，力争平衡，这样有利于各组之间开展竞争评比、老师课堂提问及作业的收发预习等教学活动。

(3)针对学生课前预习，每学科以学校配套教材为学习指导，要求学生必须预习并对基础知识做到大部分熟知，对课堂新知识有感性认识。让学生明白，只有足够的预习，才能融入课堂，达到课堂预设目标。课前预习效果的检查除了任课教师，主要由各组组长负责检查学习指导资料的填写情况并在课前将查、收、记录上交任课教师。除此之外还要对化学、生物学、语文、英语等学科进行抽查、背诵、听写。但学生反映没有足够时间来完成课堂预习。我们认为没有足够时间是可以克服的，在有限时间里挤一下，合理利用有限的时间，让学生体验高中生活的紧张与充实。

(4)在课堂小组展示环节中，不是由组长包干，而是要求人人参与展示，多引导内向学生、学困生。在实际操作中存在的最大问题是：如果掌握相对不足的学生参与导致课堂拖沓,整节课的教学任务没法完成。这也要求我们在实践中,要适当控制教学标准,降低标准,抓基础,落实双基。其实高一、高二课堂就是基础,拓展延伸交给高三一轮课堂。小组展示方面,不同的学生交替进行,难点由老师突破,也可解决这个问题。

(5)课后作业评价方面,理科相对来说题量多、难度大,部分掌握相对不足的学生没法按时按量完成。教师在平时教学实践中,要做到布置的作业有梯度,例如"随堂对点训练"基础题过关必须完成,"课后综合提升"尽量完成,一道两道理解了就行。通过近阶段的实践,各科任课教师的付出,学生成绩明显提升。例如,高一生物学组,教改先锋彭亚娟老师所教班级在五月份月考中取得了极大进步。

最后我们坚信,在学校强有力的推动下,各科任课教师强强联合,狠抓学生自主学习习惯养成,抓规范管理,高效课堂改革一定会达到预期效果。

我的发言完毕,谢谢大家!

三、高一年级班主任张学明的发言

各位领导、班主任老师:

大家晚上好!我校高效课堂改革正如火如荼地展开,教改如春风般唤醒了每一位老师。作为一个班主任,应该怎样协助任课老师构建高效课堂呢?我认为,可以从班主任日常的班级管理工作入手,也可以说是从班主任与学生之间的关系入手。我经常开班会强调,做好动员从整体上提高了学生的学习意识和学习氛围,将小组划分好,明确分工,各司其职。一般六人为一组,让学生结成学习对子"一帮一""一促一""一会一",帮扶对象可以是两人紧挨着,也可以是两人相对。分组时既要考虑学习情况,又要考虑小组成员的非智力因素,如性格内向与外向的交叉配置,充分发挥学生学习小组的作用。每个小组设正副两名组长,正组长负责组织学习活动,副组长负责纪律,协调本组成员交流、回答、讨论,把机会多让给知识掌握相对不足的学生,以振奋他们的学习信心。每组每堂课推荐一名中心发言人,代表本组意见在全班交流。当一个成员向其他人说明自己的理解和推理过程时,其他成员要对其发言进行评价。

要求学生独立思考、自主学习。讨论前,让每一个学生观察、猜想、思考、实验、分析,在教材上圈、点、批、画,去探究问题、解决问题,做好高质量的自学和独立思考。通过组内自我展示,充分暴露学生思维及内容掌握的不足之处。教师引导学生会问、鼓励学生敢问。如果提出的问题过于简单或超出了学生的现有能力,会导致学生失去学习兴趣;如果提出的问题很浅显,答案一眼就可以看出来,还需要合作探究吗?因此提出的问题要有价值并具有一定的思维容量,且应关注学情,考虑到学生的接受程度。

对完成任务较好的小组进行鼓励,定期评选优秀学习小组、优秀小组长、优秀学习对子,对评选出的优胜者给予适当的物质奖励或精神鼓励。

班主任要协助任课教师在学生面前树立威信。班主任因为与学生的日常交流比较多,在学生中的威信比较高,而任课教师就缺少这个优势。这时候,班主任应该主动协助任课教师树立威信。首先,班主任绝不可以在学生面前评论其他教师的教学工作甚至品格修养,要在学生面前维护各位教师的正面形象。当有学生对任课教师存在不满的时候,班主任应该引导学生正确评价任课教师的教学工作,而不能火上浇油,助长学生的厌烦情绪。其次,班主任也应该随时关注各任课教师在本班级的授课情况,有什么问题,应当及时帮助他们解决,使得各位教师能够在学生面前保持较高的威信,这样才能让学生在上这门课的时候“亲其师,信其道”。

构建高效课堂不是一朝一夕的事,需要长期坚持,所以,班主任还应该在营造班级良好而持久的学习氛围上多加考虑。高一(10)班在班里播放名人名言,树立榜样;高一(11)班在班级前后贴了四个不同的“静”字,营造了良好的班级氛围。班主任可根据自己班级的情况自主选择或者有所创新。整体班级氛围的营造,可提升学生的学习意识和积极性,从而提高课堂学习的效率。

我的发言完毕,耽误大家时间了。

四、高一年级班主任邹智强的发言

尊敬的领导、班主任：

大家晚上好！针对我们学校的学生学习情况和之前的学习效果，打造高效课堂显得更加重要。特别是易主任推行一个月的高效课堂取得的效果，更加说明高效课堂的打造势在必行。有了学校制定的高效课堂的操作流程，我们老师开展起来有明确的方向，解决了传统课堂中出现的弊端。作为班主任，我一定会率先开展高效课堂，坚决配合任课老师落实高效课堂。下面是我配合任课老师上好高效课堂的做法和实践中遇到的困难及解决办法。

（一）做好对学生的宣传工作

让学生从思想上认识到打造高效课堂势在必行，也让学生理解这样做的目的在于调动不同层次的学生自己动脑、动手，增加班级凝聚力，提高学生的成绩。

（二）课堂要求

(1)课前准备。课前充分预习。值日班干部坚持每日一题的规定，由课代表检查预习和错题重做情况并上报任课老师，表现差的学生名单上交到班级日志管理班干部手中，班主任私下找其谈话。

(2)建立均衡小组，互助学习，合作探究。选好小组长，可选号召力强、有荣誉感并乐于助人的学生当小组长，以激发学生的积极性及小组内部活力，增加责任感，体现模范带头作用。

(3)设立课代表统计量分制度，在班会课上或其他课余时间给予一定的奖惩，及时找落后小组谈话。

(4)常和任课老师交流并及时整改。

(5)加强班级日志管理。

（三）实践中遇到的困难及解决办法

(1)预习不到位。各个学科都要预习,避免以各种理由不愿主动参与的情况发生。

(2)小组合作存在的问题。组内部分学生激情高涨,提出问题较多,影响进度;反之,有些学生冷淡,性格内向,学习被动,不愿合作。

(3)解决办法。引导学生惜时,抓住课前和自习等空当预习和错题重做,有检查、有奖惩,引导规范。

我相信,在易主任的领导下,经过任课老师的共同努力,高效课堂一定会开展得越来越好。

五、高二年级班主任孔辉的发言

尊敬的各位领导、各位同仁:

大家晚上好！特别感谢学校能给我们提供一次难得的机会,让一群志同道合的育人先生齐聚一堂共商教改之事,让我更进一步感受到了曹校长在课堂教学改革上的决心,也鼓舞了我对课堂教学改革成功的信心。接下来我将从三个方面来谈一谈我在落实高效课堂方面的想法和做法,有不当之处还请各位领导、同仁及时批评指正,我定会不胜感激!

首先,在配合各科任课老师上好高效课方面,我是这样做的:①我积极参与了学校教改小组组织的高效课堂研讨课,其中有李欣老师的语文课、陈远珍老师的英语课、张继红老师的地理课。她们严格按照高效课堂基本流程设计课堂,让我看到了高效课堂的惊人效果,同时也认真倾听了曹校长和教改小组老师的评课,让我能够更清晰地认识到高效课堂的意义。②我认真学习了曹校长在学校“打造高效课堂”高一、高二年级备课组长会议上的讲话材料,学到了高效课堂的理念和做法,感受到了曹校长的决心,认识到了高效课堂在培养学生素养和促进学生全面发展等方面的意义和作用。③在年级张主任的带领下,利用集体备课时间,我们年级老师认真学习了学校教改小组制定的高效课堂基本流程,在自己的课堂上尝试着把理论学习应用到实践中,并且不断改进不足之处。④我利用班会和其他自习时间组织全班学生一起学习了高效课堂基本流程,并解释了其重要性和对学生全面发展的作用,对学生应该如何有效参与高效课堂作了细化指导,学生很支持教改。⑤我培训了各科课代表和班级学习小组组长,明确了他们在配合老师落实高效课堂方面的任务,并让他们利用班会号召全班同学协助老师落实高效课堂。⑥对平时在高效课堂组织过程中表现较好的积极分子,让各科课代表做好记录,利用班会时间大力表扬、鼓励,以求带动更多的学生转变被动听课的习惯,主动积极参与课堂。

其次,近段时间,在落实班级高效课堂的实践中,我遇到了如下一些困难:①开展高效课堂的时间不长,学生没有提前预习的习惯或把握不好预习应该达到什么程度才符合高效课堂的要求。②课前预习、错题重做、课后作业等累积到一起,任务量太大,学习程度一般的学生难以在较短时间内有效完成各项任务,容易出现敷衍现象。③高效课堂的核心理念是“三转五让”,这会导致学生占用课堂时间多、老师占用时间少,特别是知识容量大且有一定难度的课,难以在一节课中有效完成教学目标,易出现课没讲完且学生对难点知识掌握不透的现象。④才开始全面实施高效课堂,老师有时难以按照高效课堂基本流程兼顾到各个环节,会出现漏关键环节现象,导致课堂环节不够完整,影响一节课的质量。

对以上问题,我的解决方法和建议是:①各科老师都应该针对自己的学科特色和教学习惯,告诉学生高效课堂各个环节应该如何做,给学生以细化明确的方法指导。②学生任务量太大,无外乎两个原因,即各科作业太多和学生自己不去利用碎片化时间全身心投入学习,这需要各科老师做好协调和配合以及班主任培养好学生的学习习惯。③课堂时间不足问题,任课老师根据不同的课的难易度,掌握好班级学情,做到有的放矢。④老师为了避免上课遗漏重要环节,要有意识地熟记不同环节,通过课后多次反思,最终形成熟练模式。

最后,用曹校长的开会讲话来结尾:创新无止境,改革多磨炼。任何改革都不是一帆风顺、一马平川的,教学改革的路上有困难、有苦难、有挫折、有失误,甚至有错误,但只要是真心想把课堂教学搞好,这些失误、错误是能被包容和理解的，我们也一定能不断地积极探索、真诚应对，逐个解决出现的问题，一步步稳固前进，最终取得出彩成绩。

我的发言完毕，谢谢大家！

六、高二年级班主任冷大彬的发言

尊敬的各位领导、各位同仁：

大家晚上好！能够在这里发言，我深感荣幸，也备感压力。

学校“打造高效课堂”教学改革的号角已经吹响，作为一名普通的一线教师，我愿积极转变思想观念，紧跟学校教学改革的步伐，在教学上我将认真备课，潜心研究教法与学法，提高课堂教学效果，争取在最短的时间内将光山高级中学高效课堂基本流程内化为自身的实践，打造属于我们的高效课堂。为推动高效课堂持续健康发展，借此机会，我来谈谈本班如何配合任课老师上好高效课，以及如何解决实践中遇到的困难和问题。

（一）如何配合任课老师上好高效课

(1)树立“一盘棋”的思想。班主任树立“一盘棋”思想，全面统筹、协调和组织任课教师按照光山高级中学高效课堂基本流程进行授课(高二年级为了推动教改，让班级老师下好这“一盘棋”，已经将老师的办公室进行了调整，同一个班级的各科老师坐在一起办公)，让学生积极参与课堂，通过教改解决了课堂气氛沉闷、学生学习情绪低落等问题，所以树立“一盘棋”思想是十分重要的。教师树立“一盘棋”思想，也就是说，在班主任的统筹之下，上好高效课，抓好教育教学工作。事事要考虑到有利于全体学生的全面发展，需要辅导则乐意辅导，需要协助开展课外活动的则热情相助，不斤斤计较，在教学上不会与其他科目冲撞，增加学生的学习负担，不会导致教育教学整体混乱、拥挤、效率低下。因此，只有全体教师共同合作，目标一致，下好这“一盘棋”，学生才能真正受益。

(2)发动和推进高效课堂教学改革。从学校打造高效课堂教学改革的号角吹响至今，我已经上过多次教改主题班会课，通过班会课发动学生积极参与高效课堂建设,将课堂的主阵地还给学生。因为教学的核心是课堂,管理的核心还是课堂,课堂的核心是学生,因此,通过高效课堂建设将课堂的主阵地应该还给学生。

(3)通过听教改小组成员的示范课,和任课老师在一起探讨、学习、模仿和转变教学方式。

(4)课堂“三要素”,即课前组织、课中教学、课堂总结,一样也不能缺。

(5)调整座位,让小组成员坐在一起。

(二)遇到的困难

(1)教室的多媒体不能拍照,课前一题需要学生去抄写,有的题图形很难画,耽误时间过多。

(2)课堂教学任务完不成,教学进度滞后。

(3)学生的学习成绩短期内有可能会出现下滑现象。

(4)学生讲解时放不开,不够大胆,对问题的解释不够透彻。

(三)解决方法与建议

(1)教师充分备课,教师看的资料要比学生多。

(2)熟悉学校高效课堂基本流程,随着操作不断地熟练,很多问题自然会消失。

(3)鼓励学生多展示,大胆地讲,不要怕出错,出错是暴露问题最好的方式,讲不好的问题留给老师。

最后,祝各位领导、各位同仁身体健康,工作顺利!

谢谢大家!

七、高二年级班主任梁元伟的发言

尊敬的各位领导、各位班主任:

打造高效课堂,转变原来的教学模式,这是由曹校长提出,并在现阶段强力推进的教学改革。作为班主任,如何让学生理解,并且参与到这个对他们极为有利的课堂改革中,是我们现阶段的首要任务。

在我看来,高效课堂改革,教师在思想上是容易接受并且愿意接受的。因为作为教师,我们的最终目的是把学生培养出来,只要对学生提高成绩有利,对他们的身心发展有益,我们都愿意改变,并且会积极地去改变。可能现阶段教师的困惑是怎么才能有效组织课堂,对高效课堂流程的操作还不熟练,有时会顾此失彼,觉得一堂课没有组织好,辜负了学生的期望。

从学生层面来说,他们在行动上是易于操作的,毕竟有老师的一步步引导,但是如何转变他们的思想,让他们从思想上接受,并且能够主动地而不是被动地参与课堂却有很长的路要走。

从班级收集的"我心目中的老师"的关键词我们可以看出,"博学""敬业"出现的频率比较高。我私下问过个别学生,你认为什么样的老师是博学、敬业的?学生的回答是:不看书,讲各种例题都信手拈来;举一反三,相关的知识点都能脱口而出;讲课有意思,非常吸引人。

现在的课堂以学生为主,个别学生会产生错觉,那就是我们都预习了,不会的其他学生讲了,老师一节课就是点拨、点评,老师似乎没有那么重要了,也感觉老师没有原来那么敬业了,这种错觉会导致学生有时不那么配合老师。

(一)利用班会转变学生思想

张主任在很早以前就要求我们利用班会,提前给学生"吹风",在班会课上展示并且解释"学习金字塔"模型,让学生知道什么样的学习才是高效的、事半功倍的,连续几周的班会课都要求我们专门拿出时间讲解高效课堂的意义。所以,从班级层面上来说,我们第一步就是宣传、解释教改思想,然后来转变学生的思想。

(二)个别谈话,打消疑虑

班级肯定有一部分学生由于多年的学习习惯以及性格的原因,在课堂上较为被动。这部分学生大多数是中等生,转变得好,成绩可以更进一步,但是如果不能让他们积极参与进来,非常有可能造成他们的成绩下降,自信心受挫。所以这个时候我就找他们一一谈心,鼓励他们敢于回答问题,勇于展示自我。

（三）适当调整座位

原来的班级座位考虑的主要是班级管理问题，有部分学习小组的成员过于内向，均不爱积极回答问题或者参与课堂讨论，这个时候就要调整分组，动静结合，同时也要给这部分同学做好解释。

（四）提出具体要求

在做了一些前期工作之后，就要给他们提出具体的要求，让他们明白积极参与课堂不是走形式，不能让学生认为课堂热火朝天就是高效课堂。

(1)强调预习。预习是高效课堂的关键，督促学生课前做好预习，如果不搞好预习，课堂上就无法生成有效的问题，高效课堂的质量就无法保证，所以在班里要强调预习的重要性，要时时讲、反复讲。

(2)学生听课必须做到“三跟”，即跟着老师的讲解和启发思考问题；跟着老师的提问积极回答问题，不要怕回答错了；跟着老师的板书和讲解记好笔记。

(3)对课堂展示要求具体化。①站位要适当，站稳后再发言，切忌边走边说；②表达声音洪亮，语速适中，条理清楚；③目光要与同学们交流，切忌目中无人、谈话不顾别人；④肢体语言要得体而不矫揉造作；⑤认真倾听其他同学的回答、提问、补充或老师的点拨；⑥尽量做到小组全员参与且形式多样。

(4)课堂是学生展示自己的舞台，鼓励学生积极参与课堂教学活动，要主动参与而不是被动接受。鼓励学生大胆质疑，勇敢讲解，把课堂作为展示自己水平的平台。

以上是我最近所做的一些工作，肯定是不全面的，也有不细致的地方，在接下来的时间里，我还会在领导的指引下，把工作更具体化、细致化，使班级工作能更好地配合高效课堂的改革。

八、高二年级班主任张楷胜的发言

尊敬的各位领导、各位同仁：

大家晚上好！我校高效新课堂改革的号角已经吹响，作为教师、班主任和备课组长，我将从五个方面跟大家分享一下我对教改的一些认识和做法，如有不当之处，敬请各位批评指正！

（一）对教改的思想认识

思想的认同和统一是改革的基础。曹校长在备课组长会议的讲话中，回答了教改是强校、强生、强未来的改革，是我校及外校成功、优秀做法的继承和发展，是职业教育工作者的毕生追求。教改最终落脚在高效实干上，解决了为什么做的问题，使我在思想上由迷茫到清晰，愿意积极主动参与教改，改进自己的教学方法和理念。

（二）教改的关键

教改的关键在于点燃师生激情，唤醒学生求知欲，激活学生内驱力，最终内化为学生良好的习惯、正确的三观、敏捷的思维、优秀的能力。短期看是为学生高考服务，长期来看是为了学生能够成为对社会对国家有用的人，为社会培养合格的人才，真正实现教书育人。

（三）教改的落实

我们班是教改实验班级，接触教改比较早。我利用各种碎片化时间给学生介绍和解释教改，首先从思想层面理清我们做什么、为什么做的问题。具体要求：

(1)要求学生预习和作业前置化。

(2)展示讲解专业化，态度认真，杜绝敷衍（把事情做好，不是做任务）。

(3)问题探究常态化，碎片化时间自习化，错题深思习惯化。

(4)知识总结图像化。难题、错题每日提问展示，方式多样化，不拘泥于形式。

（四）教改中的问题

(1)班级学生水平不一,尺度不好把握。(分层教学,如帮助学优生解决深度问题,对于中等生尽可能多地设置一些中等问题,提高他们的参与度和学习兴趣)

(2)知识面窄,常识问题不能理解,给预习和自主学习带来很大困难。(扩大知识面,引导他们多观察、多思考,给他们一定时间了解书本以外的知识,如星期日第一节晚自习看《新闻周刊》。介绍学生看优秀的纪录片,假期不沉迷手机和电视)

(3)学困生缺乏自信,不愿意展示,不愿意配合。(多谈心,多帮助,鼓励学生问同学、问老师,取得一定进步时,及时表扬,给予学生希望)

(4)时间紧,任务量大,学生不适应。(小步子,找时机,逐步推进)

（五）集思广益，主动参与

教改不是一个人的事,团结身边的同事,向他们学习,集思广益,不断推进和深化。主动和学生交流,找到学生最喜欢和教学最有效的平衡点,扎实有效地进行教改。

以上是个人的一些看法,欢迎大家批评指正。最后我想说,我们是学生成长的陪伴者和引路人,时代在变,环境在变,但是培养学生成人成才的目标没变。为每一位学生成长奠好基,是我的终身教育理念,我会为每一位学生走得更高、更远而坚持不懈地努力。

谢谢大家!

教学模式改革备课组长研讨会会议纪要（二）

一、高二年级语文备课组长刘兴根的发言

各位领导、各位同仁：

大家晚上好！自学校推行高效课堂以来，语文组老师已进行了多次讨论研究。语文课堂形成两种模式，一种是语文高效复习课堂，一种是语文高效评讲课堂。不管哪种课堂，一节课分两部分，即课前活动（10 分钟）和课中教学（30 分钟）。

（一）课前活动的内容

(1)成语积累。

(2)高考必背文章默写。

(3)演讲点评。

（二）复习课堂

检查上节课布置的任务（预习），形成本节课的目标任务。对着目标任务，再当堂布置任务，当堂完成，然后布置下一节课的预习任务。

（三）评讲课堂

调查试卷或作业的难点、易错点，展示出来，形成本节课的目标任务，师

生互动解决难点、易错点,快速完成当堂的跟踪练习,然后布置下一节课的预习任务。

为了使课堂完成高效,用好早自习和晚自习。早自习用好语文“早点”(日积月累活页),其内容是素材书写、文言积累、诗歌鉴赏、时评写作等。晚自习不讲课,时间留给学生,解决预习任务和一周的错题。学生不完成预习任务不讲课,预习中出现的问题不解决不进行下一课。检查要严格,点拨要精准,布置要及时。每周要听同组老师两节课,看大家是否按学校的高效课堂流程上课,并在备课会上讨论。

在教学过程中,也有一些困惑,也就是“高效”的标准是什么?又怎样去衡量?

二、高二年级数学备课组长王东的发言

尊敬的各位领导、各位老师:

大家晚上好!根据会议要求,我代表高二数学组对前一段所做的教学与教改工作汇报如下:

(一)数学组是如何落实高效课堂要求的

1. 上课前的要求

(1)认真学习光山县高级中学高效课堂教学改革基本流程,提高认识,统一思想。

(2)精心备课。要实现课堂高效,必须下足课前准备功夫,备课不是单纯地写教案,而是必须备教材、备学生。不仅要下功夫钻研教材、理解教材,仔细琢磨教学的重难点,更要了解学生的实际情况,根据学生的认知规律选择课堂教学的“切入点”,合理设计教学活动。仔细考虑课堂教学中的细节问题,对于课堂上学生可能出现的认知偏差要有充分的考虑,针对可能发生的情况设计应急方案,确保课堂教学的顺利进行。还要设计高质量的有针对性的课堂练习题。再根据教学环节的要求和教学的实际需要准备好教学所必需的教具或课件等。

(3)先做后讲。这是关于教学顺序的总要求。新授课一般要经过学生自主或合作性的学习、探究,当学生经过集体合作探究仍然不能解决某些问题、某些内容时,教师再进行精讲点拨。

2. 上课开始时的要求

(1)利用学生讲课前一题时间做两项事情:一是检查学生的预习情况,二是板书本节教学目标。

(2)结合学生讲的课前一题对上节重点知识进行回顾,或对本节知识、题型方法进行点拨。

3. 授课过程中的要求

(1)精讲多练。抓住重点,充分利用学生有限的注意力,体现高效运转,练习的重点要体现层次性,适应不同学生的要求,让每个学生都得到锻炼。

(2)及时矫正反馈。学生的提高需要自己的内省和反思,更需要教师的纠正和反馈,教师应通过检测,及时了解学生学习的状况,将正确的信息及时地反馈给学生,帮助学生更好地纠正。

(3)创设有效问题情境。思维能力的培养总是从问题思考开始,可以以生活中的问题创设情境,也可以以课堂中生成的问题创设情境等。

(4)减少无效教学环节。无效教学环节影响了课堂教学的落实,有时在环节转换和串联语上花费的教学时间太多,这样势必降低了课堂教学效率。

(二)数学课上高效课堂流程环节的优化

作为数学课主要是两种课型(复习课与评讲课)环节的合理优化。

1. 复习课

(1)课前一题。

(2)解决上一节课遗留问题或作业中出错多的问题。

(3)本节知识点的复习与梳理。

(4)基本考法归纳总结及题型讲解。

(5)学生变式练习及当堂问题反馈。

(6)作业布置及下一节课的预习安排。

2. 评讲课

(1)分数段统计。

(2)错题统计、错因分析。

(3)优秀试卷展示。

(4)错题分类评析:易考点、易错点、易混点。

(5)跟踪训练。

(三)教学中的困惑与对策

(1)困惑一:学生讲课前一题,可能费时过多,导致本节教学任务完成不了。

采取的对策是学习小组长把关,针对学生本人情况控制题目难度与试题的问数,原则上不能超过两问。

(2)困惑二:数学课堂中教师少讲精讲,尽量让学生多表现、多探究、多交流,把更多的时间和空间留给学生,使学生的问题得到充分暴露。

若暴露的是共性问题,教师就进行统一讲解。若暴露的问题是个性问题,采取的对策是让学生同桌之间,前后桌之间,同学习小组之间消化掉。这就要求教师要深入到本班学生中去,掌握学生的真实水平与学情,也势必要求教师投入更多时间与精力做足做细备课环节。

(3)困惑三:数学内容多(尤其理科数学内容更多),过多留白,规定时间内高考考查内容的完成肯定会受到影响,高考不仅是会做题的问题,更多是熟练程度与做题速度的问题。

(四)建议

注重实效,减少形式化的内容与环节,高考是靠成绩说话的,高效课堂改革的首要目的是提高质量与成绩。

三、高二年级英语备课组长成克仁的发言

各位领导、各位同仁：

大家晚上好！现在就高二英语组高效课堂流程实施情况作简单汇报，具体如下：

（一）英语组如何落实高效课堂流程的

自从实施高效课堂以来，英语组一直在努力实践。

（1）提高思想认识，转变教学观念，落实“三转五让”，高效课堂流程是提高成绩的关键，不改不行，一改到底，反对“一言堂”，向 40 分钟要质量。

（2）利用集体备课会和组长深入课堂听课来宣讲、落实高效课堂。让老师熟悉业务和流程操作，按高效课堂流程来备课，按高效课堂流程来授课，杜绝无预习检查、无教学目标、无学生参与课堂、无对应小结、无预习安排情况的发生。

（3）经常随堂听课，督促谈话。了解任课教师高效课堂流程的实施情况，发现问题，及时指出并提出建议。

（4）不同的课型。对复习课、评讲课进行流程指导和业务培训。

（5）发挥模范教师的引领示范作用，带动青年教师听课学习。

（二）关于高效课堂环节

个人认为，无须面面俱到；学生参与课堂，讲题人数不宜过多，不宜过细，学生讲得清楚的，老师不用重复，目的是节省时间；练习要精选精练。

（三）高效课堂流程要求

学生必须预习，心理上要为参与课堂做好准备。如果不做准备或敷衍了事，课堂流程将无法进行。现在问题来了：学生是否做好准备了？是否有时间准备？学生讲与老师讲的比例是多少？

（四）建议

(1)教学目标具体化,预习安排具体化。

(2)学校或年级组保证英语科目有足够的作业时间和预习时间。

四、高二年级化学备课组长刘彬的发言

各位领导、同仁:

大家晚上好!高效课堂在高二化学组推进、落实情况,我摘要给各位汇报一下,不足之处敬请批评指正!

一是全组统一思想,端正态度,明确目标。研究高考,把握高考,确定化学在理综中的位置及作用,力争使化学成为理综主要得分学科、得高分的学科,绝大多数学生要向 80 分目标挺进。紧抓集体备课,从我做起,备知识、备教法、备流程,坚守两种课型,坚守高效课堂。每周两节组内听课,指导、要求、整改及时到位,面批面改,不留后话,不走形式!统一进度,统一作业,统一资料处理细节,确定中心发言人,任务具体到位,力求实效。

二是预习检查。错题重做,板书目标,同步进行,细化重点难点,少量多次,回头看,重基础,树立基础为王的意识。学生讲授过程深化,有提问,有自我小结,有感悟,要求学生将思维外显,将知识内化。面对全体学生,边讲解边书写,将步骤、思维的过程呈现出来。用身边的人、身边的事教育身边的学生将更有实效。

三是高效课堂实施过程的灵活性不足,学习小组互动、讨论的充分性不足,时常达不到预想结果,有待进步;评价欠缺,互动的广度、覆盖面需要继续扩大。

四是建议高效课堂常抓不懈,领导层面、教师层面、学生层面,配套措施要完善,权、责、利相结合,最大程度地调动积极性,实现效率最大化!

最后,再次感谢大家的聆听,高效课堂的改革推进正在路上,愿与各位同仁一起再接再厉,高效前行。

五、高二年级生物学备课组长虞勇兵的发言

（一）基本要求

(1)预习检查。每节课前对学生预习的督查力度要大,采用通查与抽查相结合的方法。

(2)教学目标。上课前完成,书写在黑板的左侧板块上,要求目标必须具体化。

(3)课前读书。设置问题,针对问题有目的地读书。

(4)授课过程。课前教师充分备课,备内容、备教法、备问题设置,教学过程中必须突出学生的主体地位,让学生多参与、多展示,教师讲解的总时间控制在 20 分钟以内。

(5)课后小结。让学生总结并说出自己的收获,还有哪些地方有疑问或不理解的,下节上课前老师有针对性地答疑。

(6)课后预习安排。预习内容明确具体。

（二）课堂环节的优化

对于我们学校提出的高效课堂的环节,有的是不可改变的,如课前一起读书,教学目标书写,课后预习安排等。

对于教—练—研—展—评的各个环节,不是机械照搬,而是教师根据课型,教授内容灵活取舍。

（三）困惑及解决办法

1.困惑

(1)学生预习的效果不佳。

(2)难度大的教学内容学生难以展示。

(3)学生展示时能上台的学生人数太少。

2. 解决办法

(1)加大预习督查力度。

(2)将难度大的问题分解成几块,老师适当引导。

(四)建议

高效课堂不是让学生单干,老师当甩手掌柜,老师的作用也要充分体现,积极引领课堂由老师的“一言堂”变成学生的“群言堂”,是大家共同的目标。

六、高二年级思想政治备课组长郑先启的发言

(一)落实高效课堂流程，统一思想

通过集体学习学校关于高效课堂流程及其精神,要求备课组成员学习并背诵高效课堂流程主要环节,将高效课堂流程贯彻到两种课型之中。

(二)思想政治组落实高效课堂的做法

(1)课前组织。预习检查或者背诵默写,板书教学目标,时政进课堂。

(2)课中教学。教学目标解读,课堂教学落实:教—练—研—展—评。

(3)课堂总结。学生小结、预留练习作业和布置预习任务。

(三)教学困惑与建议

(1)时政材料来源困难。建议学校鼓励学生多看时政报纸或者时政期刊,每周看时政新闻。

(2)教与学的矛盾。教师讲多少与学生学多少在时间上不好把握,应该针对教学内容具体问题具体分析。

(3)教材与资料的矛盾。教材与复习资料谁主谁次,如何正确处理二者的关系值得讨论。

(4)点与面的矛盾。是抓住成绩好的学生的点,还是成绩中等的学生的面,以及照顾成绩不理想的学生,教学进度不好统一。

(5)形式与实效的矛盾。怎样提高课堂效率和学生成绩是当务之急。

七、高二年级历史备课组长李炎的发言

尊敬的各位领导、各位同仁：

大家晚上好！我代表高二历史组就打造高效课堂发言。

一是中心鲜明，坚定走高效课堂改革的道路，学校推行教改已两月有余，年级组、备课组、教改先锋队都进行了开会、讨论，上示范课、听课等一系列活动。在这场教改大浪潮中，历史组各位教师都深有体会，教改势在必行，先行先试，在试中学、在试中改。历史组各位同仁在集体备课会上都注意到了近几年的高考题的变化，深有感触，仅仅学好教材考不到高分，历史命题的广度、深度、新颖度不断提升，突出对学生思维品质的考查，注重对学生应用学科知识解决问题能力的考查。面临这样的形势，历史学科在备考中不能墨守成规，而是要顺应新变化。在实施过程中学生也感到确实有收获，能力有提升。一个学生曾兴奋地对我说，自己把错题讲明白才是真的明白，而且能关联回忆多个知识点，一举多得。历史组一致认为要想课堂高效，教师必须课下备课充分，更要思考可能发生的新问题。备资料、备择选的材料、备相关的时政热点、备易错易混知识点，课下多用功，课上才游刃有余。

二是高效课堂流转环节优化。历史组秉承历史学科特点，不要求照搬，也不要求面面俱到，但求必要环节步骤不可少，课堂才有章法。先抽查预习情况或提问复习上节主要知识点，板书教学目标(或问题)。考点基础训练梳理主要由学生完成，重难点、易混易错点先由学生在课堂上解决，教师再根据情况补充说明。课堂练习让学生展示，培养学生语言组织和表达能力，课堂总结师生皆可完成。

三是高效课堂实施过程的困惑。①课堂时间的把控，学生可能占时过多，多媒体时好时坏，当节内容完成不了。②学生在做题时间上不能合理安排，分卷能做完，合卷往往做不完。

四是建议。高效课堂要实现成绩的提升，要根据班情、学情灵活多变，在实践中创新提升。

八、高二年级地理备课组长张楷胜的发言

尊敬的各位领导、各位同仁：

大家晚上好！高效课堂最终的落脚点在学生要学会什么，老师怎么才能让学生学会，学生学不会怎么办。

高二地理组认真学习曹校长在备课组长会上的讲话及高效课堂流程后，统一了思想，全力以赴投身到教改之中。

教改的核心是提高学生的成绩，提高学生的综合素质，只有让学生乐于参与课堂，才能达到教改的目的。现实情况是学生的成绩良莠不齐，分化明显，教改对学生主动学习的要求比较高。为解决这些问题，地理组教师在高效课堂的基础上，充分研究近三年的高考试题，分析近三年全国统考卷的考点，规划好教学重难点。

学生的层次不同，我们采取的措施是分层教学。针对学优生吃不饱的现象，将课前一题交给学优生讲解，教师在选题和解题方面给予指导，提升学优生的解题技巧和能力，拓展他们的思维。在作业讲解时给予中等生更多的机会，重点注意他们在知识点上的理解情况，现场给予指导，促进他们对知识的迁移与运用。在晚自习和平时的讲课中，将一些基础性的问题交给基础薄弱的学生，以督促他们掌握基础知识，为以后冲刺打好基础。

在学生学习过程中，基础知识回头看，在平时的周测中加入错题重做，督促学生对易错易混淆知识点反复学习。

在预习中将内容具体化，运用小组的力量相互提问，相互监督。引导学生自己做思维导图，形成知识体系。

我们在实践过程中，不断地发现问题、解决问题，唯一不变的就是不断地提高学生的成绩，让学生在各方面得到锻炼和成长。

高效课堂教学改革的心得体会

一、高一年级英语组鲁长虹的心得体会

长期以来,学生在课前没有充分地预习,课堂中参与度不高以及自学习惯尚未养成等,制约着教学质量的提高。学生听课状态不佳,动手少、动脑少、动嘴少等,这些因素成为提高课堂效率的最大障碍。

随着“新高考”模式在全国各省(市、自治区)的逐步推行,以教师为中心的课堂教学模式也在不断地改革创新。我校提出高效课堂教学模式,是在教学实践中探索出来的;在实施过程中,随着认识的发展和深化,课堂模式得到不断改进和完善。

(一)教学观念的转变

(1)由重“传授”向重“发展”转变。教师在教学中不仅仅是传授知识,更重要的是指导学生懂得如何获取知识、掌握处理信息的方法,要成为学生学习的激发者、辅导者,各种能力的培养者,从而真正实现“教”是为了“不教”。

(2)由重“教”向重“学”转变。新课堂教学模式更要关注学生在课堂上做些什么、说些什么、想些什么、学会些什么等,教师要给予学生自主学习、探索的机会,使学生在课堂上得到充分的发展。

(3)由“居高临下”向“平等融洽”转变。课堂上要注意不体罚学生,不随意当众批评学生,不大声训斥学生,不冷落学生。同时,要学会赞赏每一位学

生，赞赏每一位学生的兴趣、爱好、专长，赞赏每一位学生所取得的哪怕是极其微小的成绩，赞赏每一位学生所付出的努力和表现出来的善意，赞赏每一位学生对书本的质疑和对自己的超越。

(4)由教学“模式化”向教学“个性化”转变。过去教师从头讲到尾，缺少师生互动、生生互动、小组合作，学习效率低。如今的高效课堂，课前充分预习，课中小组合作、学生展示，大大调动了学生的积极性，也大大提高了课堂效率。

(5)由教“知识”向教“思维”转变。课堂教学中，应鼓励学生大胆提出假设，发表独特的见解，鼓励学生“标新立异”，探寻具有创新意义的方法思路。在新的教学理念下，教师积极创建问题情境，让学生在此情境中充分展开想象的“翅膀”，去探索、去发现、去创造。

（二）优化课堂教学模式

(1)充分相信学生，从完成传授知识向培养能力发展。在认知过程中，学生是主体，他们的主动参与是教学认知结构发生变化的内部动因。现代中学生的参与欲、表现欲非常强烈，课堂上教师要尽量满足学生的这一心理需求，为他们提供活动的机会与思维的空间，如看书的机会、思考的机会、动手的机会、动口的机会等。

(2)充分理解学生，优化师生关系。在课堂教学中，要尊重学生的人格。教师要做到不恶语伤人，不体罚或变相体罚学生；在课堂教学中，要促进学生主动发展，教师要鼓励学生进行大胆尝试，独立寻找解决问题的方法，使学生在自主活动中体验到成功的快乐。

(3)充分调动学生，优化教学过程。教学是科学与艺术的完美结合，教师要注意创设多种情境来优化教学过程。①创设幽默情境。幽默的应用对克服疲劳、调整教学节奏有独到的作用，也是消除师生间隔阂，沟通感情的一剂良药。②创设争议情境。教师要有意识、有目的地为学生发表意见创设情境，使学生在讨论和争议中加深对知识的理解，提高运用知识的能力。③创设问题情境。教师要激发和发展学生的问题意识，进行问题性教学。

高效课堂教学模式，是我校以创建良好的课堂学习氛围为基点，以强化学生的积极思维为重点，以乐学、善学、会学为目标，构建有效课堂的一种新教学模式，它已在我校教学中得到推广和应用，并取得了一定的效果，但仍需在今后教学中进行检验和改进，以期更好地提高我校的教育教学质量。

二、高一年级生物学组彭亚娟的心得体会

所谓高效课堂，就是用尽可能少的时间获取最大教学效益的教学活动，而教学效益取决于课程目标的达成度，即学生在知识与技能、过程与方法、态度情感和价值观的培养方面，收益愈大，则课堂效率愈好。高效课堂是对课堂不断优化的一个过程，是一个让所有教师永远追求的目标。我认为高效课堂是一种教学理念，即教师要从学生的发展需要出发，从本学科的教学特点和规律入手，努力上好每堂课，让学生从中学到更多的东西。至于用何种方法和手段，则需要教师充分运用自己的教育智慧，创造性地开展工作。

（一）指导学生做好生物学课堂笔记

课堂笔记是学生学习过程中一个不可缺少的重要环节，也是培养学生自学能力的有效途径。有的同学做笔记不得要领，影响了教学效果。例如一些成绩不理想的学生，不愿意动笔，能听懂就万事大吉了；有的同学盲目做笔记，主次不清，详略不明，像记流水账；还有的同学做的是单一的答案式笔记，他们不是记录老师解答问题的方法，而是抄答案、抄结论。针对这些情况，指导学生做好笔记显得很重要。

（二）创设良好的教学情境

创设良好的教学情境是提高生物学课堂教学实效的重要途径。所谓教学情境，是指具有一定情感氛围的教学活动。在教学过程中要根据教学内容、学生实际、教学条件和教学规律合理地选择情境创设的方式。结合本人的教学过程，情境创设应从以下几个方面入手。

(1)通过设问创设情境。这就是要创设问题情境，激发学生的好奇心和求知欲，激起学生认识、分析、解决问题的欲望，多给学生提供解决问题的机

会，有利于学生潜能的发挥。问题可由教师提出，如提出相反的观点，故意设疑或设置障碍，有意出错，把学生中常见的错误认识提出；也可以让学生设计问题，让其他同学回答、抢答或自问自答；等等。

(2)通过电化教学和多媒体教学创设情境。这是生物学课堂保持活力的一种有效手段。它可以使教学方法、教学手段有突破性变化，能有效地节约时间，全面地调动学生的听觉、视觉等感官，引导学生独立探索和发现，相互讨论和研究，激发学生的创造思维，经过潜移默化的作用，提高学生发现问题、解决问题的能力。

(3)通过讨论创设情境。讨论的形式可以多种多样，可以组织学生有的放矢地展开定向式讨论；可以紧紧围绕教材的重点、难点和学生有争议的问题自由讨论；可以把学生分成几组进行辩论或讨论；还可以根据教学内容组织学生进行社会调查，做调研式讨论。在讨论时，讨论的主题要鲜明。学生唱主角，积极思考探究。教师要当好导演，有效地控制讨论的内容、方向以及学生的心理状态，做到有收有放、松而不散。

（三）注意教师课前、课中、课后的各个环节

(1)教师在课前备课要真正做到备教法、备教材、备学生，精选教法，潜心钻研教材。找准每一节课的重点、难点，注意每节课前后知识的连贯性，精心设计练习题和板书。在备课中体现出对后进生的转化，分析每一位同学的情况，明晰他们在本节课中可以回答哪些问题，真正做到知己知彼。

(2)上课要充分体现教师为主导，学生为主体，把课堂大部分时间留给学生，让学生唱主角，教师只是针对性地指导。在学生的思维或语言产生障碍时，教师采用精练恰当的语言进行点拨，帮助学生突破障碍，使之思维进程加快，语言表达流畅。让学生分组讨论，质疑问难，在讨论中解决重点、难点问题。

(3)课后教师要做好课后小结。课后小结是常规教学工作中不可缺少的一个重要环节。每上完一节课，都要把这节课的经验和教训记录在教案上，记录下课堂上的成功经验、失误以及教学感悟等，并且要持之以恒。

三、高二年级语文组李欣的心得体会

这学期,学校全面推进了高效课堂的教学模式,为了更好地完成教学,我深入研究教法,经过几个月的课堂探索和外出学习反思,我感觉自己获取了很多宝贵的教学经验,以下是我自己对语文高效课堂教学的几点心得。

(一)预习是提高课堂效率的前提

预习、上课、复习是学生的三部曲,预习常被忽视而未能实现它应有的作用。在新课堂教学改革的大形势下,任务驱动法被越来越多的教师青睐,其任务的解决也体现在课前、课中和课后,学生学习兴趣的培养、任务的完成更大程度上依赖于课前,预习的作用也就更加凸显。它也是培养学生自学能力的有效途径,可以促进学生自己动脑筋学习,独立地探求解决学习上的疑难问题。因此,我们要真正做到把预习作为教学的起点。语文尤其要重视抓住自习课时间,预习任务布置明晰,更要落实检查,要对学生每一次的预习进行检查,以便在课堂上分组进行讨论交流,分享成果。还可进行班内展评,评选预习之星,以此激发学生自主预习的兴趣。

(二)精心备课是提高课堂教学效率的关键

教师精心备课要领会“三转五让”的教改思想,以光山高级中学高效课堂基本流程为框架,课前落实预习检查,明确教学目标,坚持课前演讲。课堂围绕“教—练—研—展—评”展开教学。课堂总结要对标小结,布置预习任务。在落实学生主体地位上下功夫,在落实学生合作交流学习上下功夫,在充分调动每一个学生的积极性上下功夫,切实提高课堂的教学效率。

(三)课堂是提高教学效率的主阵地

(1)精心设计导语。一出好戏要有好的开头,一堂好课要有好的开端,所以,教师采用何种方法导入课程,对一堂优质高效课起着非常重要的作用。教师进行有效的情境创设,可以活跃课堂氛围,引发学生情感共鸣。幽默有趣的问题能激发学生兴趣,促进学生积极思考,也可以提出学生关注的时事问题,或与学生密切交流相关的生活问题,调动学生的兴趣,还可以通过“温故”而“知新”抛砖引玉,导入新知。

(2)让学生动起来。在学习活动中,学生是学习的主体,如何使学生动起来,成为真正的主人,是提高课堂效率的关键。在教学中,我采用学生合作交流展示,质疑补充的方式,来调动他们的主动参与意识,培养他们的主观能动性。如在复习课内文言文时,我把《氓》和《孔雀东南飞》整合在一起,放手让学生比较两首诗歌的异同点,小组展示探究成果,培养学生的学习主动性。有放还需有收,老师在放手让学生探究的同时也要拽拽手中的绳子,要求学生围绕问题,有的放矢,使用语文专业术语,规范表述。

(四)强化小组的分工与合作

课堂教学完不成任务,展示环节杂乱,回答问题重叠。很大程度在于分工不明确,这是我感触最深也是最让我头疼的地方。为了让小组成员真正意义上做到团结合作交流,各负其责,学习上取长补短,我通过观察,调整小组建设,利用结对子形式,互相监督、互相学习。通过小组合作,学生学习配合性提高了,不按时完成作业的少了,学习成绩也有了一定的进步。由此,小组建设对于高效课堂的有效实施也很关键。

(五)重视学生的课外阅读积累

要想学好语文,只凭课本是不够的,必须扩大学生的阅读面。每个早自习发放语文“早餐”,印发时文选粹,在此基础上,我要求学生必须根据自己课外阅读的内容做摘抄,可以是名言,可以是精彩片段……时间久了,学生积累的内容越来越丰富,我相信这样的活动对于提高学生的语文水平是大有好处的。

(六)注意多激励学生

好学生是夸出来的,要欣赏、夸奖、鼓励学生。时常激励学生,可以使学生看到自己成长途中的点点星光,让他们像自信的小树一样,茁壮成长,只有这样，学生才会有闪光的机会，才会有上进心、自信心，才能养成良好的习惯，才会持续进步。

以上就是我在高效课堂模式中的教学心得。教无止境，虽然在探索中有很多不足，很多困惑，但我仍会一如既往地努力工作，希望在未来的日子里，能在各位领导、老师的指导下，取得更好的成绩。

四、高二年级英语组陈远珍的心得体会

这学期我们在曹校长的领导下，大力开展课堂教学改革，全力打造高效课堂。我也从刚开始的不知从何下手，到现在的充分认识到高效课堂的重要性。在近3个月的实践中，我充分认识到，在平时的教学中，要变注入式教学为启发式教学、变学生被动听课为主动参与、变单纯传授知识为知能并重（“三转”）；要让学生多阅读、多思考、多表现、多探究、多交流（“五让”）；课堂上，我们教师要努力做到自己少讲、精讲，把更多的时间和空间留给学生，课堂上学生才是主体，老师要当好主导者。

在之前的英语教学中，我虽然注意到在课堂上对学生进行知识检测、课堂讲授、布置课后作业等，但是确实对课前预习和课堂目标展示得不多，也不够具体。在近3个月的教学过程中，我基本做到上课写好教学目标，课后布置预习任务，课堂上也尽量能让学生多动手、多动口。写好教学目标，可以让师生更清楚本节课任务，更有针对性；在课堂上，学生通过向别人清楚地解说某一知识点，来确认自己是否真正弄懂，变被动学习为主动学习，学习更有效；学生提前做好预习，在课堂上才能更好地参与课堂，听讲才能更好地抓住重难点。

在实施的过程中，我更加充分地认识到高效课堂的有效性。

（一）激发学生学习兴趣，提高课堂效率

兴趣是学习之母，是一种内在的动力因素。爱因斯坦曾经说过“兴趣是最好的老师”。激发学生强烈的好奇心和求知欲，这是促使他们认识新事物、获取新知识的强大动力。每天提前布置预习任务，这就是在激发学生探索新

知识。学生先自己去探索新知识,在这个过程中会遇到一些困惑,他们可以带着问题来到课堂,和老师同学探讨。还有一些同学能够很好地完成老师布置的预习任务,这样的同学就可以在课堂上当大家的“小老师”,为大家答疑解惑,因此大大增加了他们的成就感,当然也让他们对知识掌握得更熟练。在教学过程中,我不仅对学生语言知识进行评价,还对学生参与活动的意识和合作精神等进行评价,这些评价使学生在学习英语的过程中不断得到鼓励,增强自信心,获得成就感,进而转化为继续进步的动力。

(二)提高学生的自学能力,符合新课标的要求

学习中最重要的任务是学会学习。开发自主学习能力,发展学习策略,培养创新能力,是实施素质教育的重要组成部分。提前布置预习,鼓励小组活动,学生多动手、多动口,学生能讲清楚的老师就不必讲,这些都是鼓励学生主动思考、主动做事、自主调整的学习方式,能够发掘他们积极求知、努力进取的潜能。我每天都会给学生布置预习任务,在上课时检查预习的情况。同时要求他们在不懂的地方做记号,一节课快结束时询问大家是否已经弄懂了那些问题。

(三)激活学生思维,构建和谐课堂

目前较为普遍的一个现象是:教师在课堂上占据了大量时间,浪费了许多学生自主发展的资源。我们应将时间还给学生,鼓励学生在课堂上动手、动脑、动口,这就要求教师把课堂安排得当有序,做一个真正的好导演。要启发诱导学生敢于提出问题、善于提问题,并且能自行解决问题,享受获取学习的乐趣和成功的喜悦。高效课堂提倡创造一种宽松、民主的课堂气氛,让学生主动参与,开发学生思维能力。在平时的教学中,我发现有些学生思维很活跃,他们有时讲述的某些知识点比老师讲得更通俗易懂。有时关于某一个问题的讨论,大家能各抒己见,经常有同学去质疑所谓的标准答案,甚至展开争论,我喜欢看到这样的场景,也相信课堂因为争论而更加有活力。

叶澜教授曾说:“一堂好课没有绝对的标准,但有一些基本的要求,即扎实、充实、丰实、平实、真实。”说起来好像很容易,真正做到却很难。课堂教学

有很深的学问，教学有法，教无定法，贵在得法。教学是一门艺术，只有在教改中不断学习、不断总结、不断反思、不断创新，才能真正提高课堂教学质量。我们教师只有在不断地追求中来提高自己的专业水平，我们的课堂才会更高效。

五、高二年级物理组周青松的心得体会

光山高级中学高效课堂教改活动已经开展一个学期了，在这一个学期里，我听了很多优秀老师的教改示范课，从中学到了很多。彭亚娟老师的生物学课，一节课分成 8 个问题，老师只讲了一个问题，其余 7 个问题都是由学生自己解决，其中 4 位“小老师”表现非常优秀，自信从容，讲解思路清晰。这节课深深地震撼了我，课后我一直在想，物理课怎么才能上成彭老师这节课的样子？后来听了张绪勇主任的物理课，我认识到引导学生积极思考，增加学生的成就感，让学生的思维静中有动，这样的课也一定会让学生印象深刻。不同的学科有不同的特点，不同的课型用不同的方法，关键是要高效。

高中物理是一门严密、系统的学科，对学生有着特殊的要求，学习有一定的难度。目前的高中物理课堂教学普遍存在重视理论、轻视实践的现象，这样的课堂教学不符合教育教学规律和新课堂教学改革的要求。所以，高中物理高效课堂教学的构建需要按照“以生为本”的理念，激发学生的课堂兴趣，提高课堂的整体效率。高中物理高效课堂的构建需要做到以下几点：

（一）改变传统的教学模式

随着新课堂教学改革的不断深入，教师要改变传统的教学理念，不断创新教学模式。教师要不断提高自身的专业素质，不断优化教学方式，对学生展开针对性教学活动。构建高效物理课堂，不仅要保证学生掌握基础的专业知识，更要使学生能够得到全面发展，提高学生的综合能力，更好地适应社会的发展，为学生的发展奠定良好的基础。

（二）突出学生主体地位，创建一定的教学情境

教师在实际课堂教学中，要注重突出学生的主体地位，想要有效构建高效的物理课堂，教师就要为学生营造一个轻松愉悦的课堂氛围，提高学生的学习兴趣。教师在开展教学活动中，要在新课堂教学改革理念指导下，根据教材内容，结合学生自身的年龄特点，进而创建有效的教学情境。教师利用多媒体教学设备，能够有效激发学生的学习兴趣，将抽象的知识直观地演示给学生，使学生更好地理解教材内容，有效提高课堂教学质量。比如：在讲解加速度与力、质量的关系时教师可以为学生创建相关的教学情境，使学生真正地融入课堂教学中，教师可以带领学生进行实验，让学生通过实验感受到加速度与力、质量的关系，更好地理解教材内容，突出学生的主体地位。在这一过程中，教师做好相关的引导，将主动权还给学生。引导学生进行小组讨论，针对出现的现象，表达自己的想法，进而归纳总结相关的结论。

（三）注重与学生建立和谐的关系

教师在构建高效物理课堂中，与学生建立和谐的关系具有重要的作用，能够有效提高学生的学习兴趣，培养学生的主动性与积极性。教师在实际教学中，要以平等的地位对学生展开教学，建立和谐的师生关系，是构建高效物理课堂的重要条件。教师要尊重学生的个性发展、尊重学生的想法，不断给予学生信心，这是因为每个学生都希望得到教师的肯定。建立和谐的师生关系，能够有效增强学生的自信心，提高学生的学习积极性。

构建高效物理课堂，增加课堂趣味，能够有效突破传统枯燥无味的课堂教学。教师要根据教材实际内容，灵活运用教学方式，在保证完成教学任务的同时，适当增加课堂教学乐趣。例如，教师在教学“自由落体运动”时，可以组织学生进行相关的活动，让学生站在桌子上或站在凳子上将物体落下，观察不同的现象，真正地参与到课堂教学中来。

（四）提高学生自主学习能力

在新课堂教学改革背景下，教师要不断培养学生自主学习能力，提高学

生的综合能力。自主学习充分体现了学生的主体地位,教师作为引导者,要积极引导学生进行自主探究,发散思维,培养创新能力,使高中物理课堂充满活力。学生通过自主学习,能够将掌握的知识运用到实际中,充分理解教材内容。每节课后教师都要布置下节课的预习内容,通过导学案的方式,告诉学生要预习的知识。在课前,学生便能对教师要讲的内容有所了解,教师能有效地利用课堂时间,与学生进行交流沟通,可以更好地解决问题。

(五)开展小组合作学习

合作学习作为高效性的学习方式,可以活跃课堂气氛,营造有活力的课堂氛围,充分激发学生的主动性与积极性。在新课堂教学改革教育背景下,教师的教学观念发生了改变,通过让学生进行小组合作学习的方式,可以提高学生的整体素质。在物理课堂中,教师需要分析学生的物理学情,为教学设计提供重要依据,增强合作学习的有效性与实用性。在讲解知识时,还可以布置学习任务,使学生有针对性地学习物理知识,深入探究知识的内涵,与小组成员之间进行有效沟通,避免浪费课堂学习时间。在小组合作时,学生要勇于发表见解,在激烈的讨论中进行合作交流,拉近彼此间的距离,从而扩展思维与眼界,对构建高效课堂具有促进作用。在教师的引导下,通过小组合作学习的方式,让学生团结合作,使其体会到物理学科的魅力,主动探究自然中的现象,从而学好物理、爱上物理。教师在教学过程中一定要注意小组讨论时问题要具体化,讨论结果要及时展示。

在新课堂教学改革背景下,构建高效物理课堂,不但能够有效提高学生的物理基础知识,还能培养学生自主学习能力,发散学生思维,培养创新意识,提高学生综合能力,为学生的发展奠定良好的基础。

六、高二年级数学组冯艳的心得体会

经过几个月的课堂探索和外出学习反思,我对于数学高效课堂的理解也从刚开始时的形式层面转变到现在的重视效果和本质的思考。对于数学高效课堂来说,哪几件事是更重要的?而作为教师的我又该如何做好这几件重要的事呢?

就数学学习需求来讲,学生需要在课堂上学会解决他们不理解的问题的方法,并能灵活进行迁移应用,这是一个长期的过程。具体就是每节课必须要有所收获,合适的课堂目标可以调动学生的积极性,在课程结束时可以检验完成效果,并为完成最后的长期目标做好铺垫,所以合适的课堂目标是必要的。

就课堂内容实施方面来讲,学生作为学习的主角,他们若是没兴趣不想听,跟不上老师讲课,那么老师讲得天花乱坠对他们来说也只是废话。教师若是无视学情,不管不顾自己与学生在思维认知方面的差距,没有让学生体会到思考过程,没有让学生体会到知识的形成过程,结果只会是打击大部分学生学习的积极性。学生需要的并不是教师们高高在上的“完美表演”,需要的是帮助他们理解数学本质的启发性的养料,需要的是实践中学的领悟。如果教师能转变传统的教学理念,以学生为主体,成为学生的阶梯性问题启发者,有深度的变式练习提供者,相信可以点燃一大批学生学习数学的热情,而生命向上生长的本能必定也会带给我们许多惊喜。

就课后自主学习方面来讲,学生需要对本节课进行消化吸收并为下一节课做好准备,所以需要教师设置适当的作业对本课进行巩固提高,并布置具体的预习任务以便进一步推进课程。

那么,对于教师来讲,到底该怎么做才能做好那几件重要的事呢?以下是我的看法:

第一,教师自身需要加强对课堂所教内容的研究,成为“研究型教师”。教师对课程内容有更加深入广泛的理解,才能不困于课程内容而把精力放在课程的实施方面,才能即时生成启发性的问题,即时提供变式练习帮助学生思考探索。现代社会学习的渠道很多,通过自己多做题研究总结,多听课交流学习,师生间的教学相长,集体备课会上的集思广益,还有网上优质的网络课程,都能促进学习,促进自身成为一名研究高中数学知识的终身学习者。

第二,教师可以把每节课当作刻意练习的实践活动,学习运用先进的教学技术,有意识地练习教学核心技能。没有谁比教师更有条件进行真实的课堂探索了,通过一节节的刻意练习和反思改进,相信教师会对自己的课堂有

更加深入的理解和把控,为教育教学添翼助力。

第三,有句话叫"严师出高徒",教师若是提高对学生的要求,帮助学生克服惰性,尽可能发挥出潜能,很多学生是可以给我们惊喜的。

总之,高效课堂是值得探索的永恒话题,作为教师队伍的一员,我认为这种探索不仅必要而且有重要的意义。希望通过越来越多教师的加入,可以让课堂更加高效,在短短的40分钟时间内,共同领悟探索生命生长的神奇。

七、高二年级化学组刘彬的心得体会

高效课堂,不仅是高效率的课堂,更是教育教学形式的巨大变革。课堂教学高效性是指在常态教学中,通过教师的导和学生主动的学,在单位时间内,消耗最少的精力和物力,来实现最大化教学效果,促进教学目标的完成,帮助学生掌握新知,并内化为一定的能力,获得高效发展,最终促使学生在成绩上有更多收获。

研究新课标,把握高考方向。通俗地讲,化学学科核心素养就是指,在正确的价值观念指导下解决化学问题的本领。研究近三年高考题,高考考查的不仅仅是知识,更是知识和能力并重。结合新课标和新高考,高效课堂改革与推行是大势所趋,事关教师个人适应能力和学生终身发展,任重道远。熟悉高效课堂模式,践行高效课堂,于人于己意义重大。

高效课堂的改革与推进,自上而下,层层推进,教改先锋的先行先试,备课组长的率先垂范,班主任的鼎力支持,任课教师的人人过关,学校领导亲力亲为。作为一名教改先锋,对高效课堂践行实施,一直坚守先行先试,边行边改,边学边用,有所感,也有所获。

"高效课堂"是由两个词语组成的短语——"高效"和"课堂",关键词在于"高效"。"高效"应该包含学生的高效和教师的高效。学生的高效是能在课堂上通过学习获得高效的发展,教师的高效是能通过课堂的教学来高质量、高效率地完成教学任务。理所当然,学生是学习的主体,学生在课堂内通过学习获得高效的发展是高效课堂的根本。真正的高效课堂,应该是学生愿学、善学、乐学,学生能从学习中体验到一种成长的喜悦和幸福！而学生这种理想的学习状态,关键在于教师的引导,在于教师对课堂的精心设计,对教学材料的精心取舍与提炼,对巩固练习与提高练习的精心编制。为此,教师必须努力扎实地抓好学生的课前预习,并设计出能激发学生兴趣,能让学生高效自主、合作学习的相关问题,在有限的课堂教学时间内获得最大的教学效果,这样教师自然而然地在学生提高的同时,自身素质也能得到极大提升。高效课堂在某种程度上对师生关系作了一些改变。这种改变,是由传统课堂中教师反复讲、学生被动听的单向注入式教学转变为教师引导下的学生自主学习、合作学习方式。教师点拨提升,引导学生多方位交流讨论。高效课堂是对传统课堂的批判式地继承与改进,抛弃糟粕吸收精华,或者说是一种变革与升华。这种课堂下的师生关系,是一种真正平等融洽、交流零障碍、和谐温暖的新型师生关系。当然在高效课堂学习中,学生的思维是开放式的,这对我们教师的专业知识水平和要求比传统课堂的要求更高、标准更高!

解决了教师的心态问题,接下来就是具体实施的要求,结合自己的教学实践,我认为打造高效课堂,应该做到以下几点:

(一)目标明确,全面具体

明确、具体、全面的教学目标是保证课堂教学实效的重中之重。在制定教学目标时,要将教学内容分解成一个个具体的目标,首先做到完成每节的小目标,然后完成单元目标,最终完成总体目标。在教学中要做到教有目标、学有目标,指导检查也有目标。

(二)要“整合学生的问题”进入课堂

对学生的问题需要一一回应。这样的课堂能包容大量的共性问题,能引起学生的群体探索,针对性强、效率高。

(三)巧设活动,落到实处

巧设教学活动,精心设计每一项任务是提高课堂教学实效的保障。教师既要考虑到教学活动的趣味性,又要考虑到实效性。

（四）高效课堂评价形式多样化

高效课堂体现在课堂教学中学生的主体地位，学生积极参与课堂。在认知上，从不懂到懂，从少知到多知，从不会到会；在情感上，从不喜欢到喜欢，从不热爱到热爱，从不感兴趣到感兴趣。一般来说，高效课堂效益评价的主要标准是，学生思维活跃，语言表达正确、流利、有感情，课堂充满激情，分析问题与解决问题能力强，目标达成且正确率高。

高效课堂，教师要努力追求用最简约的方法和手段，引领学生走进复杂丰富的课堂，让学生学得轻松、扎实、有效。要想打造出真正的高效课堂，我们必须努力成为符合高效课堂的优秀教师。一个高效课堂的优秀教师，我觉得不仅要有深厚的专业知识和能力，即高标准的“学高”，而且要做到高标准的“身正”，在校内校外的言谈举止、衣着打扮、行为道德等各方面都能成为学生、家长的榜样与楷模。此外，还必须对学生有爱心，是发自内心的感情，这种感情不是热烈而短促的，而是如涓涓细流般长久的，唯有如此才能让学生发自内心地崇敬教师，影响学生行为。教师对教育有着强烈的事业心，能从教学中寻找到属于自己的快乐，感到发自内心的幸福。一位优秀教师，除具备以上条件外，还要能精心设计课堂教学，才会上出高效课，有了这种一天天、一周周、一月月、一年年的高效课，学生自然就愿学、善学、乐学。为了这些目标，我要努力奋斗，让自己成为一个拥有高效课堂的老师。

将高效课堂喻为“知识的超市、生命的狂欢”可谓妙笔生花。高效课堂影响着当代学生自身的成长，实现做学问与做人、理论思想与社会实践、宽广知识与较强能力、技术素养与人文素养、健康身体与心理等有机结合，实现自身和谐健康的成长。将高效课堂的作用与学生的自身发展联系起来，我们能更容易地理解和把握高效课堂的精髓。

总之，课堂是我们教学的主阵地，必须切实地提高教育教学效率。影响课堂效率的因素很多，我们只有理性地认识我们的课堂教学，客观地面对课堂教学存在的问题，才能不断改进课堂教学。提高课堂教学效率的方法有很多，除课前的预习准备、不断改进课堂结构和教学方法、营造和谐教学氛围外，还有很多需要我们去不断思考与实践。我们遇到的困难也会不少，碰到的问题也会很多,要把追求课堂教学的高效率作为自己一生孜孜不倦的追求。只要我们面对问题和困难,冷静思考,勇于实践,善于总结,终会取得高效课堂教学改革的成功。

八、高二年级生物学组扶元的心得体会

现在新课堂教学改革如火如荼,以“自主、合作、探究”为核心的课堂教学备受青睐。我校为了切实提高教育教学效率,进行课堂教学改革,采用高效课堂教学模式。高中生物学高效课堂的实施需要注意以下几点。

(一)做好学生工作,让学生有准备

由于高二年级是中途转变课堂教学模式,我事先与班级学生进行了交流,让学生在思想上慢慢转变,不要总是依靠教师。教师激发学生的自主学习意识,活跃学生的创造性思维,有利于不同观点的相互碰撞和交流。

(二)划分学习小组,优化组合

在班主任的大力支持下,我们班级建立了学习小组。八人一组,组长负责制。为了有效发挥小组合作学习的功能,要对小组加强管理,有一系列的小组加分制和扣分制。合作学习前,教师要明确学生合作学习的任务,随时指导小组长的工作,保证小组合作学习有序进行。

(三)课堂教学环节中要注意的问题

(1)备课时,我会精心预设,知识如何讲解有吸引力,问题如何设置才能层层深入,哪些知识点需要教师精讲,哪些又需要学生来完成。

(2)授课时,我会注意到每个环节时间的把握,对学生及时作出激励和评价,尽可能让每个学生有回答问题、展示自己的机会。

(3)课堂中,注意培养学生的学习习惯。独立思考的习惯——我会在讲到难点、重点时,有意留给学生独立思考的时间,学生只有通过独立思考问题,才能化被动为主动;表达交流的习惯——要让学生在小组里陈述自己的

观点和见解,鼓励学生在全班同学面前展示自己,学会知识是第一重境界的话,会讲知识就对学生提出了更高的要求;善于倾听的习惯——学会倾听,不仅是对别人的尊重,也可以在听的过程中,通过领会别人的方法来提高自己。

(四)选取适宜的学习方式

随机提问、小组讨论、多媒体展示、学生展示等,多种多样的学习方式,让课堂变得充实,让学习方式多样化。

(五)课后反思很重要

一节课上得怎么样,课后教师要有内心评判,反思这节课的优点和缺点,值得继续发扬和需要改进的地方,记录下来,久而久之,教师就会有自己的教学特色。

总之,课堂是教师教学的主阵地,更是我们进行教改、打造高效课堂的主阵地,我们必须切实提高教学效率。教师要理性认识课堂教学,客观应对课堂教学中存在的问题,不断完善我们的课堂教学。我们遇到的困难和问题会很多,把打造高效课堂当作一个长远目标、长远计划来实施。只有教师敢于应对问题和困难,冷静思考,勇于实践,善于总结,才会取得课堂教学改革的成功。

九、高二年级历史组刘岚岚的心得体会

面临"双新"背景下的课堂教学改革,新课程、新教材该如何实施,是新时期高中面临的重要课题。这项工作将直接影响育人模式变革及新高考改革的成效。光山高级中学在"双新"背景下深入研判教学环境,精心谋划教改活动,旨在以课堂教学改革为切入点和突破口,转注入式教学为启发式教学,转学生被动听课为主动参与,转单纯知识传授为知能并重,让学生多阅读、多思考、多表现、多探究、多交流,从而全面提高教学成绩。同时,学生在学习中得到锻炼,在锻炼中不断成长。

（一）学习研讨，理论指导

为进一步推进课堂教学创新，实现课堂教学的有效性和高效率，努力开创教学改革的新局面，实现教学质量的新突破，2022 年 5 月 9 日晚，我校“推进教学改革，打造高效课堂”研讨会在行政楼三楼会议室召开。会上，曹耀罗校长对我校教学改革基本流程作了总体安排和要求：

1. 目标展示

(1)每节课课前，教师要板书本节课教学目标并向学生解读教学目标。

(2)提出的目标要明确、具体。教学目标提得明确而具体，有利于教师正确运用教学方法、妥善组织教学过程、准确评价教学结果，也有利于学生清楚教师的教学意图，主动掌握自己的学习过程，明确自己的学习目标应当指向怎样的学习结果。

(3)根据学科教学特点制定合适的教学目标。认真分析教学内容，将教学内容分解为明确清晰的小知识单元及能力要求点，每一个教学点应当对应一条教学目标。根据学生的知识基础和能力水平，根据教学目标分类法，确定每个目标的层次要求。

(4)教学目标要具有一定的弹性。目标要有上限和下限，既要有统一的要求，又要注意适应个别差异，具有一定的弹性。

2. 预习检查

教师要提前候课，课前解决预习检查。检查可采取多种方式，常见的方式有错题重做，默写背诵，分类抽查、普查。不管采用何种方式，都要根据自己的教学需要，因人因事因时而异，无须寻求固定的模式。

3. 课堂组织

(1)讲解到位。

(2)学习到位。(教师要有教育机智，善于捕捉教育契机，激发学生学习兴趣)

(3)练习到位。

(4)管理到位。

4. 课堂小结

(1)课堂小结要紧扣教学内容,对标小结,要着眼于学生对所学内容的理解、巩固、完善、提升。

(2)课堂小结要简洁明快,绝不能拖泥带水。方式要灵活多样,不能过于死板,可以由教师完成,也可让学生进行尝试。

(3)课堂小结能促进学生掌握知识、总结规律,为学生进一步学习架设桥梁埋下伏笔。

5. 预习及作业布置

(1)预习任务必须明确具体,对知识点和习题要进行详细的说明,与下节课教学目标形成呼应。

(2)作业布置要有针对性,要明确作业标准、完成时间、检查方式及奖惩措施等。

(二)高效课堂在历史课中的实施

为了提高课堂效率,深化课堂改革,在历史课上如何打造高效课堂,我也在不断地琢磨和尝试。在实践课中,我选择的课型是复习课,刚开始讲复习课,我的疑问比较多。首先,如何确定课堂的容量?一轮复习要全面撒网、稳抓稳打,有些课本来是两课时,现在改为一个课时,课堂容量就非常大。不追求容量有多大,只追求学生掌握了多少内容,这是高效课堂的一个体现。因此,要找到教学目标与高效课堂实践的平衡点。其次,我的课堂 40 分钟怎么来分配?既要调动学生的积极性,让学生参与进来,更要把知识点复习到位。最后,确定课堂结构的基本过程:

(1)基础知识学生提前预习,课堂上老师设计问题,学生自查自纠。

(2)重难点问题老师带领学生共同完成,老师讲到位,学生学到位。

(3)高考真题演练,学生灵活运用知识点,习题练到位。

(三)遇到的问题以及解决办法

关于高效课堂改革,我也在思考,我认为核心就是高效吧!要提高学生的课堂学习效率,逐渐转变学生的学习方式,由被动学习转变为主动学习。

在这个过程中,起主导作用的还是教师,教师就像导演,如何高效地导演课堂的 40 分钟,要做好这些,就是认真地备好每一节课,个人的力量是有限的,得充分发挥集体备课的作用。我的疑问就是:如何更好地安排高效预习?由于预习的知识点较多,所以在检查的时候,就会发现有很大的差别,程度好的、语言表达能力强的、记忆力好的同学越来越优秀,马太效应越来越明显。如何更好地安排高效预习?对于这个问题,我的做法就是,首先预习任务要明确,全员参与,每个学生都可能会被检查;其次,在课堂上展示的时候,基础问题找程度一般的学生,难度较大的问题找学优生来讲述,先学带动后学,会的带动不会的;最后,对于知识点,我还是会在课堂上抽时间补充和强调,不能完全交给学生来完成。总之,根据学情、课型、知识的难易程度来灵活运用课堂模式,切忌死板套用模式。

(四)打造高效课堂的意义

在“双新”背景下,历史课堂的变革不仅关乎教学方式的优化,更指向学生核心素养的培养。高效历史课堂强调启发式教学、主动参与、知能并重,通过引导学生多阅读、多思考、多表现、多探究、多交流,实现从知识积累到能力提升的转变。

对教师的意义:专业成长与教学创新。高效历史课堂要求教师转变角色,从“知识的灌输者”成为“思维的引导者”。教师需设计富有挑战性的问题情境,如通过史料分析、历史辩论等方式,激发学生的批判性思维。同时,教师借助数字化资源,能创设沉浸式学习环境,使抽象的历史概念具象化。此外,跨学科融合拓宽了教学视野,推动教师不断更新知识结构,提升专业素养。

对学生的意义:深度学习与素养提升。高效历史课堂的核心是让学生成为学习的主体。通过阅读原始史料,学生能直接触摸历史,培养实证精神;通过小组探究,他们学会合作与表达;通过模拟历史场景,他们增强共情能力,理解历史人物的抉择。这种学习方式不仅夯实了知识基础,更培养了历史解释、时空观念、家国情怀等核心素养。此外,课堂中的即时反馈帮助学生优化学习策略,形成自主学习的习惯。

高效历史课堂是师生共同探索的旅程。教师通过创新教学实现专业突破,学生则在深度参与中提升思维品质。当课堂真正实现“以学生为中心”,历史教育便不再局限于记忆年代与事件,而成为培养批判性思维、文化认同与社会责任感的重要载体,为“双新”改革落地提供生动实践。

实践

“高二下学期期中语文试卷评讲”课堂实录

光山高级中学 ◇李 欣

一、课前组织

（一）检查

(1)请本次考试默写得分较低的两位学生到黑板上默写。

(2)检查学生试卷纠错情况。(组长检查本组完成情况,教师抽查)

（二）学科特色——课前演讲

学生演讲《强弱本相生,唯进取者胜》。(两位学生点评)

师:本次演讲以理服人,也很契合我们本次试卷评讲的两个内容。一是作文主人公江梦南本是一个弱者,却以强者之姿出现在世人眼中;二是本次考试无论成绩好坏,我们都可以用“强弱本相生,唯进取者胜”这句话来激励自己。两位同学的默写也较考试有了很大的进步。

（三）课堂教学目标

(1)校正错误,查漏补缺,巩固知识点。

(2)探讨方法,归纳答题技巧。

(3)明方向,树信心。

二、课中教学

（一）组织教学

师：高考前的每次考试都是诊断性考试，那些做对的题不会成就更好的你，那些做错的题宛如镜子，帮你看清自己，大家应该有闻过则喜，见过则改的心态，就会收获下一次成功。（板书：闻过则喜，见过则改）

本次考试寄语：所有的原地不动，都是不愿意深入地对自己开刀！

（二）课堂教学目标解读

（1）校正错误，查漏补缺，巩固知识点。（知识）

（2）探讨方法，归纳答题技巧。（能力）

（3）明方向，树信心。（情感）

（三）课堂教学活动

1. 分析成绩，找准位置

师：这是本次成绩分数段分布，同学们找准自己的位置，分析成绩。（多媒体展示分数段统计）

2. 高分同学分享经验

师：下面请本次考了 127 分的 16 号同学给大家分享一下自己的高分秘诀。（多媒体展示高分试卷）

生 16：我觉得做题要细心，更要多多积累，还要总结各种题型的做题技巧，比如文言文结合课内积累字词知识，作文要注意审题。

师：本次考试 16 号同学选择题满分，阅读理解分数也较高。作文 55 分，文采飞扬。这位同学优点多多，值得大家学习。如果在主观题上答题更规范一些，默写不丢分，那么 130 分甚至是 140 分都不是梦。每个同学都要认真分析自己的试卷，找到自己的突破点。

3. 答题情况统计（多媒体展示）

师：比较两个班这次考试成绩和小题得分率，发现我们班出错率较高的客观选择题是10、14、18题，与八班有差距的主观题是小说阅读和作文。那么今天我们重点来看这些题。

4.评讲试卷

(1)重点评讲作文

师：我们首先来看本次作文的审题立意，先看材料。(多媒体展示作文)

阅读下面的材料，根据要求写作。

感动中国2021年度人物江梦南，因一场意外半岁时失聪，她不能像正常人一样交流，却完成了学业并考上大学、硕士研究生，人生虽无常，学业无止境，对人生不服输的她，又考上清华大学博士研究生。江梦南的逆袭故事，感动了很多人，感动中国2021年度人物对她的颁奖词有这样的语句："从无声里突围，你心中有嘹亮的号角。新时代里，你有更坚定的方向，先飞的鸟一定想飞得更远，迟开的你，也鲜花般怒放。"

以上材料触发了你怎样的联想和思考？请据此写一篇文章。

要求：自拟标题，自选角度，确定立意；自选文体，不得写成诗歌；不得泄露个人信息；不要套作，不得抄袭；不少于800字。

师：作文的第一步是审题立意。这是一则记叙性材料，江梦南为何能够逆袭，从无声里突围？由果及因，再加上材料里的关键词，我们可以有哪些参考立意？

生5：不向命运低头。

生13：有明确的人生目标。

生26：只要想成功，什么时候奋斗都不晚。

师：说得非常好，就像你名字中的"蕾"字一样，是花蕾，终会绽放。同学们都善于思考，立意很好！昨天已经布置小组之间互改作文，并推荐一篇优秀作文展示点评。课前我查看小组之间都已经完成互评，那么哪一组同学先来给大家展示一下？

生1：(上台展示)我展示的是自己的作文《青年当有为，困难又何畏》，我的作文立意的切入点是材料中给江梦南的颁奖词中的一句话："迟开的你，也鲜花般怒放。"江梦南就是当今奋斗青年的一个缩影，所以我以"青年当有为"为立意，"困难又何畏"是因为她虽然先天失聪，但是能够从困难中逆袭，即使是迟开也终会绽放。接着我用了两个分论点:一个是青年当有为,困难怎可畏;二是青年当有为,困难不可畏。第一个分论点,用了苏轼的事例。如果说江梦南是迟开却怒放的鲜花,那么苏轼就是遭受挫折却仍然坚挺的野草,他们都展现了一种精神——大无畏。第二个分论点,我引用了海明威的话做论据,接着排比举例张桂梅、樊锦诗、塞罕坝守林人为时代发光不畏困难的事迹。结尾照应题目,呼吁新时代青年无畏困难,勇担使命。最后我想说的是江梦南的事例让我非常震撼。就像金庸所说:他强任他强,清风拂山岗。江梦南就像一阵清风,越过她成长道路上的重重山峦的阻碍,最终到达她想要到达的地方。这篇作文给我们每个人的启示是:我们每个人都可以成为自己的那一缕清风,越过我们成长路途上的重重阻碍,到达成功彼岸。这就是我想说的,谢谢!(掌声)

师:第一组同学分享了自己的作文心得,对江梦南的故事也有自己独特的见解。还有没有哪个小组想要展示一下?

(学生踊跃举手)

生13:我展示的是我们组最高分的作文,字写得非常好看,此外还有几大亮点:一是开篇简洁引材,直截了当地提出中心论点;二是论证结构清晰,分别从突破逆境需要拥有坚定的信念、顽强的意志和不服输的勇气三个角度展开论述;三是事例丰富,由古及今,由此及彼,扣题紧密。我认为,8号同学的作文还有两点可以改进:一是结尾有点仓促,还可以用修辞增添文采;二是题目可采用黄金标题,那样会更吸引人。(掌声)

师:第二组同学既能看到亮点,也能提出缺点,互相学习,共同提升,这样大家的作文分定会步步高升。大家可以课下继续交流,现在我们一起总结一下优秀作文要素:第一要从题目和开头看立意。作文立意犹如人的灵魂,作文有了灵魂才有内涵。第二要从分论点看结构。作文结构清晰就犹如人有骨架,结构匀称,文章也能立起来。第三要从论据中看内容。内容赋予文章血肉,丰富有文采的论据让文章血肉丰满。有了基础架构,再外饰以文采,内修以思想逻辑,这样作文就不难得高分了。接着我们看其他的题。

(2)“小病”自治,合作纠错

自己分析试卷,完成三件事情:

①自查自纠:答题卡写上小题分,把试卷中的失分题目用红笔改正过来,并反思自己出错的原因。(知识/方法/审题)

②组内互纠:自己解决不了的问题做上标记,在小组里交流讨论。

③发现疑难:小组交流后还有疑难问题,用红笔做上标记,有待于本节课继续完善。

师:第一个自查自纠任务同学们已经完成,自己解决不了的问题现在在小组里交流讨论,讨论后还有疑难问题等会儿大家提出来,我们共同解决。请单数排同学转过身去开始讨论。

(学生交流讨论,教师巡查了解共性问题)

师:大家讨论结束了,组内能解决的问题就不说了,不能解决的问题请同学们提出来。

生18:我们组的问题是:文言文断句中的"部分"是什么含义?

生27:"部分"作动词,是"部署"的意思,所以后面要带上宾语"诸将"。"遣牙队军使郭延赟驰骑入京"是一个兼语句,之间不能断开。

师(补充):"我请你起来回答问题"也是一个兼语句,不能断句为"我请你,起来回答问题"。同学们还有什么问题?

生34:第7题说到"补叙"手法,我分不清"补叙"与"插叙"的区别。

师:这正好是我们下节课要复习的内容,谁能告诉她在资料的哪一页?

生49:资料第35页有个表格,比较了两者之间的差别。

师:你已经知道自己查资料补充知识点了,真棒!大家自己翻阅一轮资料,将有关记叙方式的知识点摘录到积累本上。

生55:第15题语言衔接题我还没弄懂。

生6:语言衔接题要瞻前顾后,画线句后是"多么旺盛的生命力",比较选项可以看出"根须在地里蔓延"与这句衔接更紧密。

生17:我的问题是第14题C选项说"颈联两个典故直接表现出了北邻好饮且善于赋诗的个性",用典的作用难道不是委婉含蓄吗?为什么直接表现却对了呢?

师:这道题是错误率最高的,你提的问题我也很疑惑,谁能帮我给大家解疑答惑呢?

生 8:我觉得这个用典比较特殊,“爱酒晋山简,能诗何水曹”直接说出了北邻像晋山简一样爱酒,像何水曹一样能诗。爱酒能诗是直接表现。

师:你的说法让我茅塞顿开!同学们理解了吗?所以具体问题还要结合文本具体看待,不能一味地套用。

师:大家刚才提的问题都是客观选择题,我们总结一下选择题的做题技巧。选择题多是阅读题,阅读文本是第一步,然后立足文本找选项,两相比较,了解常见设误陷阱,最后根据排除法确定答案。

(3)专家会诊,共开“药方”

师:小说阅读主观题第 8、9 两题咱们班得分很低,我看到分数很不服气,但看到试卷就无话可说了。第 8 题考查的是小说塑造人物的手法,同学们来看看这些答案。(多媒体展示低分答案)

师:塑造人物的手法包括正面描写和侧面烘托,正面描写包括语言、动作、神态等描写,侧面描写是通过环境和其他人物衬托,此外还有一些常见的修辞。这里得 2 分的是没能答对要点,得 4 分的是要点不全。接着看第 9 题。(多媒体展示低分答案)

这些得低分的同学“病因”分别是:①审题不清,答非所问;②角度单一,语言啰唆;③理由简单,缺乏论据。针对第一个问题我们要弄清楚题干中浪漫主义有什么特点。

生:我们学过的,李白和屈原是浪漫主义的代表诗人,想象丰富,写作手法夸张。

师:浪漫主义是“夏雨雪,天地合,乃敢与君绝”的热情奔放。现实主义是《诗经》中“于嗟女兮,无与士耽!士之耽兮,犹可说也。女之耽兮,不可说也”的冷静理智。总结二者的区别:浪漫主义想象瑰丽,手法夸张,热情奔放;现实主义细节真实,形象典型,描写客观。

再看满分答案。(多媒体展示)

①环境描写具有浪漫主义气息,小说把残酷的对敌斗争置于白洋淀优美的自然景物的描写之中。

②特定对象充满神奇色彩,大红公鸡诱引敌人的拟人化描写,生动形象。(战争中觉醒和成长起来的农民美丽质朴、勇敢智慧的特点和从容自信的热

情的面貌,增添了浪漫主义气息)

③故事情节具有传奇色彩,红衣女子面对日寇从容不迫,勇敢机智,轻松取胜。

④表现主题的方式充满诗意的浪漫。用日常聊天的方式讲述战争故事,没有直接描写血与火的场面,淡化了战场的血腥和残酷感,表现了民众在抗战中成长的主题。(④为教师在参考答案基础上补充的要点)

针对主观题答题病因,师生共开“药方”:

①贴近文本,有理有据。(文本意识)

②整体把握,内引外联。(主旨意识)

③明晰题旨,规范表述。(问题意识)

④条分缕析,多角度呈现。(多角度意识)

⑤凸显关键,放大内涵。(关键词意识)

(4)变式训练

小说中多次出现了“鱼鹰”,意图是什么?请结合文本加以分析。

学生完成后展开交流,教师用多媒体展示答案:

①表现老人对侵略者的仇恨/控诉,交代了老人后来积极抗日,做交通员的原因。“父子两个是全凭那两只鹰来养活的,那是心爱的东西”,“鬼子第一次进攻水淀,在淀里抢走了他那两只鱼鹰,带到端村,放在火堆上烧吃了”。——人物形象/心理的角度

②暗示了抗日战争已经有了转机:“假如是在这二年,我那两只水鹰也不会叫兔崽子们捉了活的去。”——情节的角度

③从侧面反映出民众抗日斗争成长的主旨。“假如是在这二年,我那两只水鹰也不会叫兔崽子们捉了活的去”,表明像老人这样的白洋淀村民在长期抗日斗争中积累了斗争经验,增强了胜利的信心。——表现主题的角度

三、课堂总结

(一)对标小结

师:做错的题宛如镜子,帮你看清自己,不断向内探寻,成就更好的自己。

请同学们自己总结一下这节试卷评讲课在知识点和答题技巧上的收获。

教师帮助总结归纳,板书如下:

作文:保基础,抓发展

客观题:读—找—比—除　　　(一分不丢)

主观题:文本意识　　　主旨意识

问题意识　　　多角度意识

关键词意识　　　(保四争六)

(二)课堂表现总评

师:本次考试后同学们能及时纠错,小组合作解决了大部分的问题,课堂上也能积极交流,既能分析错误原因,也能找到提升策略。"一日不知非,即一日安于自是;一日无过可改,即一日无步可进。"做错的题宛如镜子,帮你看清自己,不断向内探寻,定能成就更好的自己。同学们,我们一起加油!

(三)作业布置

(1)整理好错题,并写一句激励自己的话。

(2)翻译文言文,积累文言字词、重要句式(不少于 10 处)。整理积累古代纪年、纪月、纪日、纪时的文化常识。

(3)作文 30 分以下的同学重新拟题,写好作文开头。

(四)预习布置

预习小说的叙述顺序,了解"插叙"和"补叙"的区别。

★课后反思

本节课是试卷评讲课,也是高效课堂的探索课。所以在本节课中我做了如下探索实践:

1. 本节课让学生在及时纠错后再从知识、方法、心态各方面分析原因,展示低分答案、高分答案和标准答案,从归因分析到对策分析,让错题成为镜子，帮助学生看清自己的问题，成就更好的自己。

2. 评讲课课堂容量大，切忌面面俱到，要有所取舍，所以我在讲评中重点讲作文和小说。“大病”会诊，“小病”自治，其余题目让学生课前和课后自主解决。

3. 放手让学生自己探讨，自己讲解，自己总结。学生自评、互评作文更有针对性，组内、组间互纠时，学生的讲解都比较透彻。这节课最大的亮点和惊喜正是学生带来的。

当然，这节课也有很多不足的地方：一方面是时间分配不够合理，导致后面总结仓促，应该进行大胆取舍，这样更有针对性。另一方面是应该让学生在考试后写出书面性质的试卷分析报告。反思就是自己和自己的内心对话，而从口头表达到书面表达能加深学生反思的效果。

《答司马谏议书》课堂实录*

光山高级中学 ◇孙巧巧

一、课前组织

（一）检查

(1)提问学生早读背诵的成语。

(2)多媒体展示早读背诵的成语,全班一起复习。

（二）学科特色——课前演讲

学生演讲:《争与不争——〈红楼梦〉人物命运感想》。

教师点评:今天演讲的同学,从《红楼梦》一书中挖掘出“争”与“不争”性格之下的人物命运这一主题。在人生之路上,希望同学们面对理想、前途,要不懈奋斗,争一番辉煌灿烂;面对交往中的冲突、矛盾时,适当退让,不争展示非凡胸怀。

（三）课堂教学目标

(1)理顺语句含义,积累文言知识。

(2)品读文本,感知作者的辩驳特点。

---

* 本课内容选用人教版《普通高中教科书 语文 必修 下册》《答司马谏议书》讲述。

二、课中教学

（一）组织教学

师：穷则变，变则通，通则久。春秋时期齐国的管仲改革，战国时期魏国的李悝变法、秦国的商鞅变法无一不使国家变得强大。到了宋代王安石变法，历史的重担落到了他的肩上，但是变法的道路崎岖，除了面对国家发展的种种困难，王安石还要面对大量的质疑，这体现了变法面对着巨大的阻力，同学们可以带着疑问学习课文，感受王安石如何应对变革阻力。

（二）课堂教学目标解读

师：同学们，学习要努力做到触类旁通，要多通过学习课内文言文积累文言知识，这是我们学习文言文的重点，是能力的培养。学习文言文还可以从古人那里获取力量，我们一起通过品读文本，体会作者对司马光指责自己的"四条罪状"的有力反驳，这是对思维智慧的锻炼。

（三）课堂教学活动

1. 复习感知

师：请同学们速读《答司马谏议书》，填写表 1。

学生大声速读课文，思考表格内容并进行填写。

表 1 《答司马谏议书》基本信息梳理

	文章体裁	文章观点	针对问题	作者身份	写作对象	推测背景
《答司马谏议书》						

2. 学习活动

(1) 诵读《答司马谏议书》一、二段，感知文章内容。

师：同学们，请大家以小组为单位，对照课文注释，借助工具书，自主落实字词句方面的学习任务。要求读准字音、读好停顿、疏通文言文的字词句，扫清文字理解上的障碍。

(2)再读文本一、二段,填写文言字词梳理表(表2),积累文言基础知识。

表2 文言字词梳理

分类	原文	用法	解释
通假字	一一自辨	“辨”通“辩”	辩解
	卤莽	“卤”通“鲁”	粗鲁
	具道所以	“具”通“俱”	详细
一词多义			
古今异义			
词类活用			
特殊句式			

师:同学们,我们通过自己的努力已经粗通一、二段文意。现在让我们一起把两段文言文重点字词总结出来,稍后我们以小组为单位分享。

(不同小组学生代表讨论,总结,分享)

师:刚刚第8组代表总结“于”字的字义,这个字也是高考常考的重点虚词,老师的PPT上没有总结展示,大家太厉害了,抓住了重点。请大家把第8组分享的内容补充在笔记上。(全班鼓掌)

(教师板书字词,PPT展示具体内容,指导学生补充笔记)

3.探究活动

再读《答司马谏议书》一、二段,梳理其行文思路,体会辩驳艺术。

(1)师:以小组为单位,深入研读《答司马谏议书》,讨论并完成下列表格对应语句的填写。

(要求:通过品味文言文语句间的关系梳理行文思路,并体会作者的写作意图。学生讨论,填写表格,并分享学习成果。教师进行巡视,参与小组讨论,了解小组存在的疑问。)

表 3 《答司马谏议书》一、二段行文思路梳理

行文结构	行文思路	对应语句
摆明写作原因与目的	礼貌性套语	昨日蒙教
	叙酬答的话	故略上报,不复一一自辨　今具道所以
	说明写信目的	议事每不合,所操之术多异故也　冀君实或见恕也
驳斥指责	论证前提	名实已明,而天下之理得矣
	驳斥侵官	受命于人主,议法度而修之于朝廷,以授之于有司,不为侵官
	驳斥生事	举先王之政,以兴利除弊,不为生事
	驳斥征利	为天下理财,不为征利
	驳斥拒谏	辟邪说,难壬人,不为拒谏

(2)总结王安石的辩驳特点。

师:第二段的文字当中,更是展现了他会辩、善辩、巧辩的形象。让我们一起来总结王安石的辩驳特点。(引导学生从文本中找到依据:“蒙教”“上报”“见恕”“终必不蒙见察”……)

生 6:柔中带刚。

(多用谦称、谦词,并称“与君实游处相好”,但立场坚定)

生 16:态度委婉而坚决。

(列出指责自己的罪名,再一一批驳,采用驳论的论证方法)

生 26:言简意赅,不容置辩。

(语言精练,驳论有力,立场坚定,客观清晰分析变法原因)

师总结:王安石措辞彬彬有礼,语调含蓄委婉,但是因政治家的机敏,其言语间又暗藏锋芒(多媒体展示总结内容)。

第二段:王安石的辩驳特点。

①思路清楚、逻辑明晰。(辩论高手)

②抓住问题实质,从大处、高处着眼(在驳斥的同时指责司马光忤逆“人主”旨意,违背“先王”之政,不愿为天下兴利除弊,将司马光置于壬人邪说代言人的难堪境地)。(扣帽子)

③言辞锐利,气势逼人,锋芒毕露(不为侵官/不为生事/不为征利/不为拒谏/固前知其如此),咄咄逼人。

4. 巩固练习

师：作为重点篇目，老师给大家整理了高考文言文理解性默写的几个句子（多媒体展示），通过练习巩固这节课所学的知识，希望大家能加深对课文的印象。那么在课下，我们还要在课文的理解和背诵上多下功夫，争取做到考试中分分必得。

根据情境，填写句子。

（1）在《答司马谏议书》中，王安石对司马光在来信中给自己因推行变法而冠以“生事”罪名加以反驳的句子是“举先王之政，以兴利除弊，不为生事”。

（2）在《答司马谏议书》中，王安石对司马光在来信中给自己因推行变法而冠以“征利”罪名加以反驳的句子是“为天下理财，不为征利”。

（3）在《答司马谏议书》中，王安石对司马光在来信中给自己因推行变法而冠以“拒谏”罪名加以反驳的句子是“辟邪说，难壬人，不为拒谏”。

（4）《答司马谏议书》中，“而议事每不合，所操之术多异故也”，直接点明王安石与司马光二人政治上不投合的原因。

三、课堂总结

（一）对标小结

师：通过本节课的学习，同学们积累了文言文重点字词知识，希望大家以后能更好地掌握和应用文言知识。通过本文学习不难发现王安石是一位有礼节、有风度、有风骨的雍容的政治家，他的辩驳无形而有力，大气之中尽显睿智。

（二）课堂表现总评

本节课学生掌握了利用工具书解决疑难字词的学习方法，学习是一个不断积累的过程，也是探寻有效方法的过程。教材内文言文的学习是打好文言文阅读的基础。

小组合作学习是提高学习效率的重要方法，本节课学生小组合作学习展现了学生风采和良好的小组风貌。

（三）作业布置

(1)整理课堂笔记,完成教辅资料中的文言知识总结。

(2)背诵一、二段。

(3)思考:如果司马光收到了这样一封回信,他该怎么回复王安石呢?这封回信要包含哪些内容呢?

（四）预习布置

预习三、四段,圈点勾画重点文言字词。

★课后反思

1. 本节是文言文新授课,教学之前要先消除学生的畏难心理,让学生敢于学,从而主动学。

2. 文言文的学习需要打好字词基础,课前布置的预习任务是让学生熟读课文并且勾画重点字词。通过课堂教学发现,少部分学生预习不到位。

3. 课堂容量稍大,授课环节以学生小组讨论为主,由于时间问题学生展示不够全面,对学生展示的评价略显仓促。以后授课要考虑课堂容量,对学生的展示进行鼓励性评价,更好地激发学生学习的热情。

4. 小组讨论参与学生多,但是展示、分享环节学生参与度低,一些学生不善于表现自己,课后教师会与参与度不高的学生多沟通,增强他们学习的自信心。

“直线与平面垂直”课堂实录*

光山高级中学 ◇陈 云

一、课前组织

(一)检查

(1)学生的教材和教辅、笔记本、作图工具的准备。

(2)检查上节作业的错题修改情况。

(3)上节预习内容检查。(直线与平面垂直的相关概念填写)

(二)学科特色——课前一题

师:下面有请5号同学给我们带来今天的课前一题。

生5上讲台板书。

P为正方形$ABCD$所在平面外一点,E,F,G分别为PD,AB,DC的中点,如图1所示,求证:(1)$AE/\!/$平面PCF;(2)平面$PCF/\!/$平面AEG。

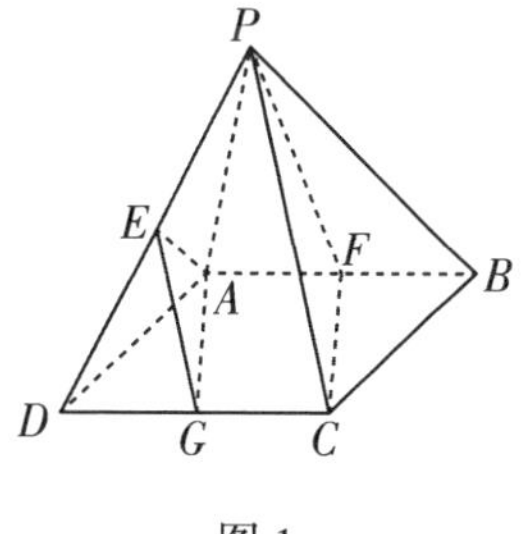

图1

板书具体过程:

证明:(1)如图2所示,

* 本课内容选用人教A版《普通高中教科书 数学 必修 第二册》8.6.2“直线与平面垂直”讲述。

取 PC 中点 H,分别连接 EH,FH,

$\because$ E,F,H 分别为 PD,AB,PC 的中点,

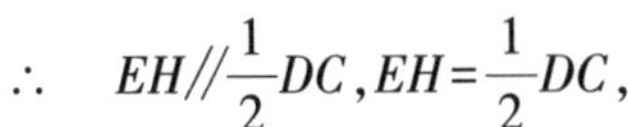

$\therefore$ $EH /\!/ \frac{1}{2}DC, EH=\frac{1}{2}DC$,

$\therefore$ $EAFH$ 为平行四边形。

$\therefore$ $EA/\!/FH$。

又 $AE\not\subset$ 平面 PCF,$FH\subset$ 平面 PCF,

$\therefore$ $AE/\!/$平面 PCF。

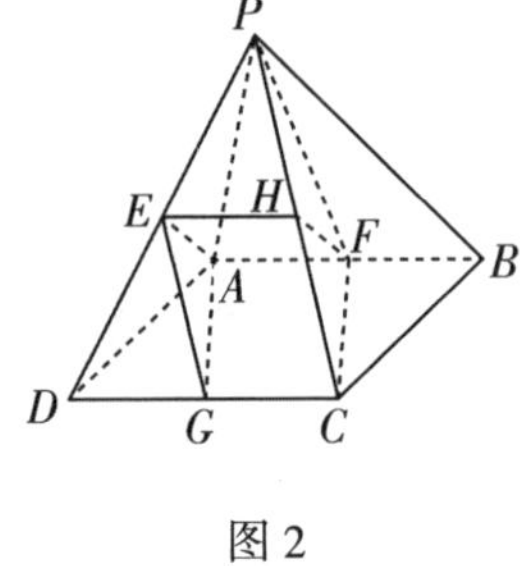

图 2

(2)$\because$ E,G 分别为 PD,CD 的中点,

$\therefore$ $EG/\!/PC$。

又 $EG\not\subset$ 平面 PCF,$PC\subset$ 平面 PCF,

$\therefore$ $EG/\!/$平面 PCF。

由(1)知 $AE/\!/$平面 PCF,$EG\cap AE=E$。

$\therefore$ 平面 $PCF/\!/$平面 AEG。

(三)课堂教学目标

(1)了解直线与平面垂直的定义。

(2)熟练掌握直线与平面垂直的判定定理。

(3)练习线线垂直与线面垂直相互转换的应用。

二、课中教学

(一)组织教学

师:感谢 5 号同学带给我们的精彩的课前一题,这道题很好地回顾了我们前几节课学习的与平行有关的概念和定理,完美地展现了线线平行、线面平行、面面平行的判定定理和性质定理的应用。这节课我们再来研究一下与垂直有关的性质和定理。首先我们来了解一下直线与平面垂直的定义和判定定理,希望这节课同学们认真学习,共同合作,完成我们本节课的教学目标!请同学们准备好课本、教辅资料、练习本、笔记本,请各小组组长准备好我们

本节课需要的小道具——三角形纸片。

(二)课堂教学目标解读

师:同学们,本节课我们要完成以下几个教学目标。首先,我们要了解直线与平面垂直的定义,这是本节课的基础;其次,我们还要熟练掌握直线与平面垂直的判定定理,这是本节课的重点,我们要用人人参与的方法共同推导出判定定理,加深理解和记忆;最后,我们要练习线线垂直与线面垂直相互转换的应用,这是本节课的重点,也是难点。

(三)课堂教学活动

1.观察归纳直线与平面垂直的定义

(1)直观感知

师:请同学们画出日常所见的旗杆与大桥,说出旗杆与地面、大桥桥柱与地面是什么位置关系。你还能举出一些类似的例子吗?

生:垂直关系,如教室内直立的墙角线和地面的位置关系,桌子腿与地面的位置关系,直立书的书脊与桌面的位置关系,等等。

(2)观察思考

师:如何定义一条直线垂直于一个平面?用你自己的语言表述,不需要看课本。

生:直线与平面内的所有直线都垂直,这条直线就垂直于这个平面。

(教师利用多媒体动画展示和三角板直观展示,让学生们进一步理解直线与平面垂直的定义)

师:如图3,在阳光下观察直立于地面的旗杆 AB 及它在地面的影子 BC,旗杆所在的直线与影子所在直线的位置关系是什么?

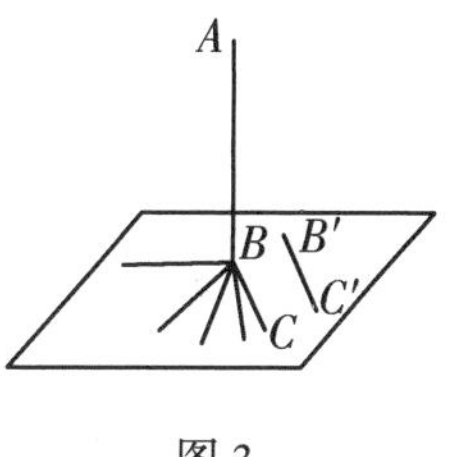

图3

生:垂直关系。

师:旗杆 AB 与地面上任意一条不过旗杆底部 B 的直线 $B'C'$ 的位置关系又是什么?

生:同样是垂直关系。

(3)通过观察总结定义

师:通过上述观察分析,你认为应该如何定义一条直线与一个平面垂直?

请同学们归纳、概括出直线与平面垂直的定义,画出图形,用文字语言描叙,并用符号语言写出来。

教师巡查学生完成情况。发现问题:学生作图不规范。教师要求学生规范作图,用三种语言写出定义,让学生进一步直观理解定义,引出直线的垂面、平面的垂线的定义。

(4)辨析举例

辨析:下列命题是否正确?对不正确的请举出反例。

①如果一条直线垂直于一个平面内的无数条直线,那么这条直线与这个平面垂直。

②如果一条直线垂直于一个平面,那么这条直线就垂直于这个平面内的任一条直线。

生3:第一个是错误的,将一块大直角三角板的一条直角边 AC 放在讲台上演示,这时另一条直角边 BC 就和讲台上的一条直线(即三角板与桌面的交线 AC)垂直,但它不一定和讲台桌面垂直。在此基础上在讲台上放一根和 AC 平行的教鞭 EF 并平行移动,那么 BC 始终和 EF 垂直,但它不一定和讲台桌面垂直,最后教师用多媒体课件展示反例的直观图,如图4所示。

生4:$\left.\begin{matrix} a\perp\alpha \\ b\subset\alpha \end{matrix}\right\}\Rightarrow a\perp b$,所以第二个结论是正确的。

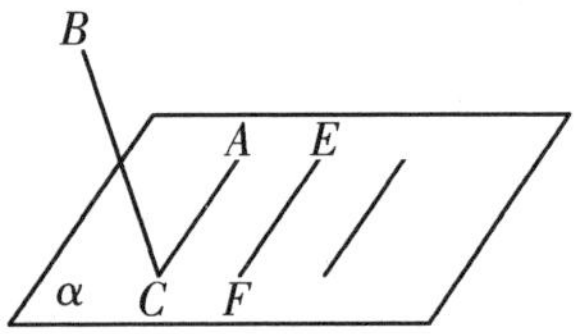

图4

2.探究发现直线与平面垂直的判定定理

(1)如何检验一条直线与一个平面是否垂直?

虽然可以根据定义判定直线与平面垂直,但这种方法实际上难以实施,有没有比较方便可行的方法来判断直线和平面垂直呢?

生:可以把直线与平面的垂直转化为直线与直线的垂直。

师:这种思维的转换非常好,那么具体该怎么由线线垂直转化到线面垂直呢?

(2)操作确认

请同学们拿出准备好的一块(任意)三角形的纸片,我们一起来做一个试验,过$\triangle ABC$的顶点A翻折纸片,得到折痕AD(如图5),将翻折后的纸片竖起放置在桌面上,(BD、DC与桌面接触)观察并思考:

①折痕AD与桌面垂直吗?如何翻折才能使折痕AD与桌面所在的平面垂直?

②由折痕$AD\perp BC$,翻折之后垂直关系,即$AD\perp CD$,$AD\perp BD$发生变化吗?由此你能得到什么结论?

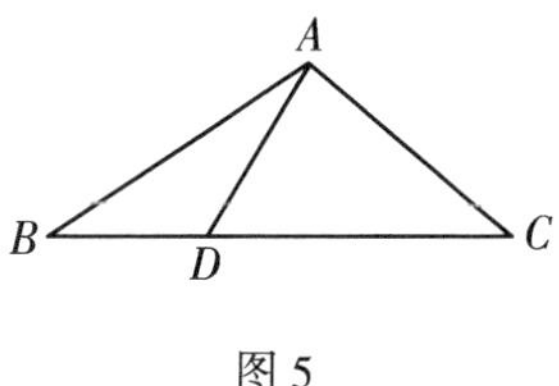

图5

师生活动:(两组学生上台演示讲解)在折纸试验中,一组学生会出现不垂直情况,让学生上台演示,根据直线与平面垂直的定义分析不垂直的原因。学生再次折纸,出现垂直情况,进而探究直线与平面垂直的条件,经过讨论交流,使学生发现只要保证折痕AD是BC边上的高,即$AD\perp BC$,翻折后折痕AD就与桌面垂直,再利用多媒体演示翻折过程,增强几何直观性。

(3)合情推理

师:根据上面的试验,结合两条相交直线确定一个平面的事实,你能给出直线与平面垂直的判定方法吗?

师生活动:教师引导学生回忆出“两条相交直线确定一个平面”,以及直观过程中获得的感知,将“与平面内所有直线垂直”逐步归结到“与平面内两条相交直线垂直”,进而归纳出直线与平面垂直的判定定理。同时教师指出要判断一条直线与一个平面是否垂直,取决于在这个平面内能否找到两条相交直线和已知直线垂直,至于这两条相交直线是否和已知直线有公共点是无关紧要的。定理充分体现了“直线与平面垂直”与“直线与直线垂直”相互转化的数学思想。

定理:一条直线与一个平面内的两条相交直线都垂直,则该直线与此平面垂直。

用符号语言表示为(如图6):

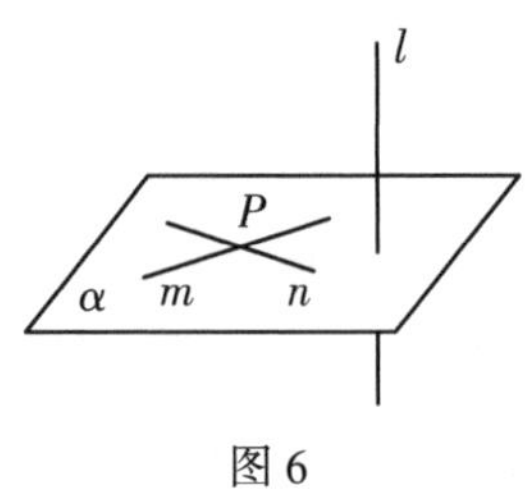

图 6

$$\left.\begin{array}{l} m\subset\alpha,n\subset\alpha,m\cap n=P \\ l\perp m,l\perp n \end{array}\right\}\Rightarrow l\perp\alpha$$

3. 直线与平面垂直的判定定理的初步应用

(1)例题讲解

师:我们学会了直线与平面垂直的判定定理,现在我们来利用定理证明一些简单的线面垂直问题,那么证明直线与平面垂直,关键是什么?

生:直线与平面内两条相交直线垂直。

师:对,这里面的关键字是"两条相交直线",所以我们证明线面垂直的关键还是"线线垂直"。同学们知道哪些证明线线垂直的方法呢?

(师生互动,学生回答,教师补充)

生:①矩形的相邻两边,以及菱形对角线。

②等腰三角形底边上三线合一。

③勾股定理。

④圆面内直径所对圆周角。

师:同学们总结得非常好,下面我们用这些知识来完成一道例题。

如图 7,在三棱锥 S-ABC 中,$\angle ABC=90°$,D 是 AC 的中点,且 $SA=SB=SC$。求证:$SD\perp$平面 ABC。

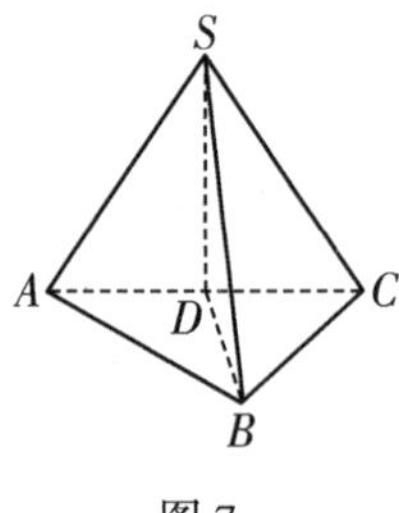

图 7

学生 1 到黑板上证明,学生 2 指正证明步骤,教师最后点评。

(2)小组探讨(线线垂直与线面垂直之间的转换)

师:同学们小组合作探讨下面这个问题。

① 如图 8, 在正方体 $ABCD\text{-}A_1B_1C_1D_1$ 中,证明:$D_1D\perp$平面 $ABCD$。

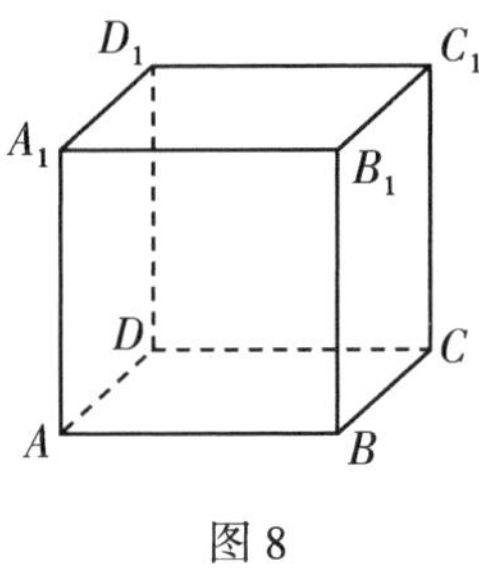

图 8

② 如图 9, 在正方体 $ABCD\text{-}A_1B_1C_1D_1$ 中,证明:$D_1D\perp AC$。

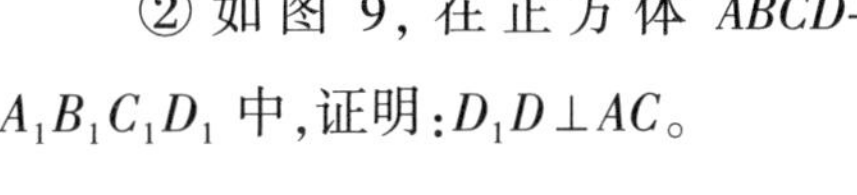

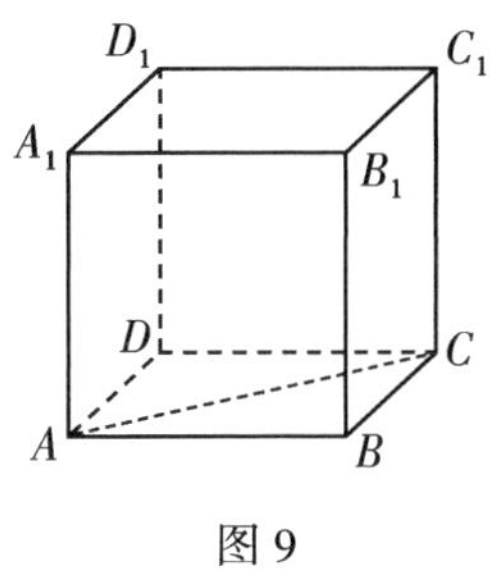

图 9

③ 如图 10, 在正方体 $ABCD\text{-}A_1B_1C_1D_1$ 中,证明:$AC\perp$平面 D_1DBB_1。

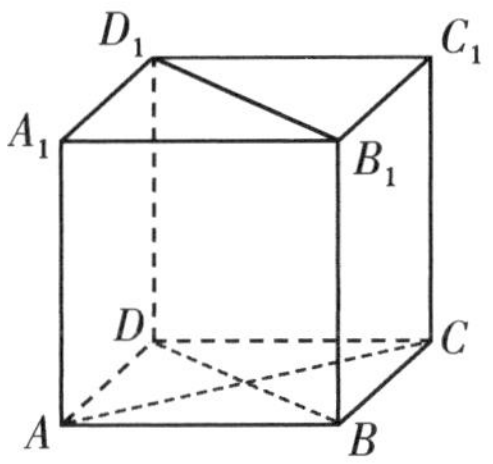

图 10

④ 如图 11, 在正方体 $ABCD\text{-}A_1B_1C_1D_1$ 中,证明:$AC\perp DB_1$。

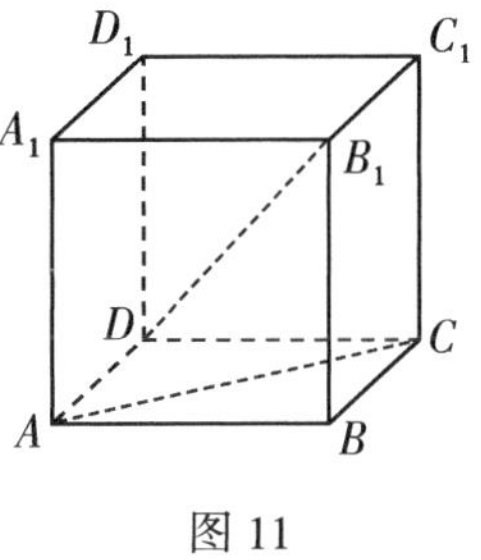

图 11

小组探讨(3 分钟)后由第三小组成员起来回答。

师:同学们从上面的问题里可以得出什么?

生:线线垂直与线面垂直之间可以相互转换。

师:对,这也是我们本节的重点和难点,那么我们用刚刚探究的成果来解决下面两个问题。

如图 12,在直四棱柱 $ABCD\text{-}A'B'C'D'$ 中,当底面四边形 $ABCD$ 满足什么条件时,$A'C\perp B'D'$?

如图 13,一块正方体形木料的上底面有一点 E,若经过点 E 在上底面上画一条直线与 CE 垂直,则应该怎样画?

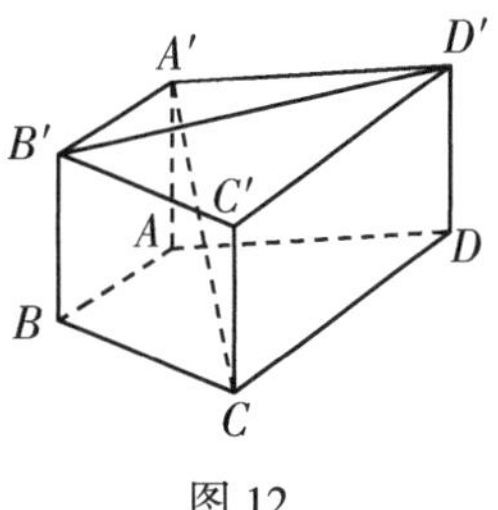

图 12

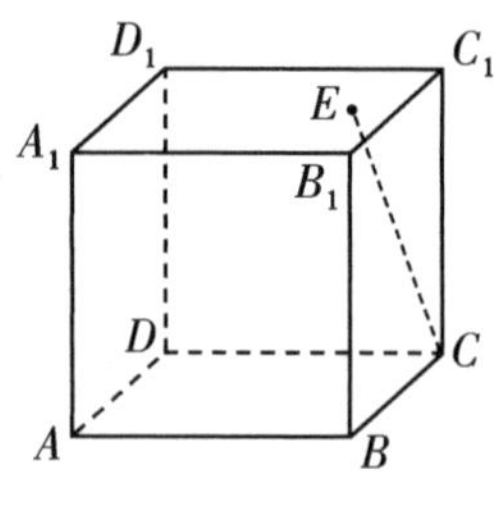

图 13

生 8:第一题满足 AC 与 BD 垂直就可以了。(上台讲解)

生 18:第二题上底面内直线只要垂直于 C_1E 就可以了。(上台讲解)

师:两位同学回答得非常好。同学们理解了吗?给大家 2 分钟时间,不太理解的同学再跟其他同学讨论一下。理解的同学把这两道题的详细解答过程写在练习本上。

三、课堂总结

(一)对标小结

师:同学们,这节课的内容我们基本完成了,下面我们再来看看我们完成了多少目标。

生:三个目标都已经完成,第三个目标还有些不熟练。

师:第三个目标的完成还需要我们多多练习相关习题。

(二)课堂表现总评

师:同学们今天表现不错,能认真思考,积极回答问题,小组合作效果明显,特别是第三小组和第五小组的同学积极回答问题,听课态度认真,其他组同学要向他们学习。

(三)作业布置

完成配套检测卷三十。

（四）预习布置

下节课提问直线与平面垂直的性质。

★课后反思

1. 本节课成功之处：直线与平面垂直的判定定理的推导过程，安排学生小组合作进行折纸试验，让学生亲自动手试验、探究、体验，经历知识的形成过程，感受获得新知识的愉悦，达到自主参与、自觉发现、自我完善、自行掌握知识的目的，培养学生的数学应用意识和实践能力。

2. 本节课不足之处：在课堂合作探究的过程中，学生进行了讨论、思考，但是为了完成教学任务没能够让学生板书做题，只是提问学生做题思路，但说出来和写出来毕竟是不一样的，这一点课后还要加强练习。

3. 这堂课，让我觉得立体几何这部分的教学一定要最大可能地让学生动手，自己比画，发现问题，得出结论，试着自己总结规律，要努力把“要我学”变为“我要学”，再升华为“我爱学”。这节课在定义启发上，我“放手”不足。

“Active Learning”课堂实录*

光山高级中学　◇鲁长虹

一、课前组织

（一）检查

首先复习上节课学过的单词，请大家拿出练习本听写然后进行检查。

reflect　*vi.* & *vt.* 仔细思考→reflection　*n.* 沉思；反射

argue　*vi.* 争论，争吵→argument　*n.* 争论；论据

assume　*vt.* 认为；假定→assumption　*n.* 假定，假设

automatic　*adj.* 自动的；无意识的

promote　*vt.* 促进，增进→promotion　*n.* 提升，晋升；促进

flexible　*adj.* 灵活的，可变通的

exist　*vi.* 存在→existence　*n.* 存在，生存

ignore　*vt.* 忽视；置之不理→ignorance　*n.* 无知

impress　*vt.* 使（人）印象深刻→impression　*n.* 印象→impressive　*adj.* 印象深刻的

---

* 本课内容选用北师大版《普通高中教科书　英语　必修　第三册》Unit 9　Lesson 1 Active Learning 讲述。

（二）每日一句

请大家大声朗读并翻译句子。

He who learns but does not think is lost. He who thinks but does not learn is in great danger.

（三）课堂教学目标

(1)能够阅读并讨论主动学习的相关内容。

(2)找出每段主题,并进行标记。

(3)能够总结本文的主要表达观点。

二、课中教学

（一）组织教学

同学们把识记单词这一任务完成得挺好,那么相信接下来我们对这篇文章的分析和阅读一定会轻松不少,我们一起加油吧!

（二）课堂教学目标解读

本节课教学重难点是引导同学们抓住课文每个段落的主题,并能够总结每段的主要内容,学会用相关词汇讨论和表达主动学习。

（三）课堂教学活动

1. 讨论学习的类型

T:As we know, learning is composed of passive learning and active learning. So what are passive learning and active learning? Please look at these pictures. (Look at PPT)

T:What are they doing?

S1:She is sleepy in class.

S2:He is addicted to computer games.

S3:He is absent-minded.

S4:She lets her mind wander.

T:Very good. Now what kind of learning are these?

Ss:This kind of learning is passive learning.

T:Thank you. You are great. Now let's go on with other pictures. What are they doing? (Look at PPT again)

S10:Learning makes me happy.

S11:They are having a heated discussion.

S12:They answer questions actively.

T:What kind of learning are they?

Ss:They are active learning.

T:What kind of learners do you want to be? Active learners or passive learners?

Ss:Active learners.

T:Oh,good. What do active learners do?

S21:Listen to a different point of view. Be curious...

S22:Ask questions. Focus on what they have learned...

S23:Reflect on what they have learnt. Take notes carefully...

T:What's the difference between passive learning and active learning?

Ss:...

T:You are great. As the diagram shows,we can get 50 percent of what we say and hear at most by passive learning while we can get as much as 90 percent of what we do by active learning. (Look at PPT) What a conclusion can you draw from this?

Ss:We should learn actively....

T:I can't agree with you more. Compared to passive learning,active learning is more beneficial to us and brings us academic achievements. How can we become active learners? Today we will read a text about active learning written by Kevin Daum.

2. 阅读

(1)阅读第一段内容并回答问题。

①What do most people believe about the human brain? Is it true?

②What is active learning?

③What is Kevin Daum going to talk about in the article?

T:In small groups, students read the questions and then the first paragraph of the text. Students discuss their answers. Each group presents their answers to the class.

Group 3 ①: Most people believe that the human brain learns automatically. But, it's not true.

Group 1 ②: Active learning is training ourselves to be better learners, to actively take part in the learning process and to reflect on what we have learnt.

Group 10 ③: Kevin Daum is going to talk about how to take an active role in your learning.

T: Right! Good job! Thank you. Sit down please.

(2)快速阅读文本,并在相应段落前写出小标题。

- Ask questions
- Get to the truth
- Listen to the outer voice
- Focus on the message
- Argue with your inner voice

T: Please pay attention to reading skills, for example, first ... second ... third..., and it is not necessary to read for any specific and detailed information. OK, let's begin fast reading. (five minutes later) I'll ask students to write your answers.

S1: 34152.　　S2: 34152.　　S3: 34152.

T: Do you agree with them?

Ss: Yes.

T: Excellent! Thank you. Come back and sit down please. Please check your answers(34152).

(3)根据所给建议,看课文 54 页,在图中填上其他 4 条学习建议的行为要求、原因及所能达到效果。

Ss:Reasons:If you keep paying too much attention to inner voice,you risk missing important information.

Actions:Be open-minded and focus on what the speaker / writer is saying.

Effects:Be in a better position to make decisions.

T:Perfect! Now do the same for the other four suggestions to complete the mind map in groups.

I'll divide you into four groups. Each group discuss one suggestion. Then present your answers. Let's go! Five minutes later,complete the diagram on the board for the other suggestions by asking students to volunteer the answers.

T:Excellent! Thank you all and congratulations!

(4)判断正误。

T:Just now all of you did a good job. Then let's go on with another task. Tell the following sentences *T* or *F*.

①When in class,focus on the voice expressing your own opinion. (　　)

②If you think a speaker is wrong,argue with him/her. (　　)

③Be curious to find more information about the topic. (　　)

④Believe what is said in books. (　　)

⑤Only engage in classes of your favorite teacher's. (　　)

Ss:*F*;*F*;*T*;*F*;*F*

T:Perfect! Thank you and congratulations!

3.总结

Let's summarize the whole text. Complete the summary.

The human brain does not work ________(automatic) as most people assume. You need to train ________(you) to be active learners,and the author suggests five things in your learning.

First,you shouldn't keep paying too much attention to the inner voice for fear that you risk ________(miss) important information.

Second, you should argue with your inner voice as most active learners do and be flexible in your opinions when necessary.

Third, the author thinks that asking questions ________(be) the easiest way to promote active learning. Your questions will lead you to further learning, and the very act of working ________ questions will help you to achieve a higher level of understanding about the topic.

Fourth, active learners should not accept everything they learn ________ attempt to find the truth at the heart of each idea. Even when an idea ________ (sound) entirely unlikely, there may be an aspect of it that is based on truth. No matter how crazy it seems, you will increase your chance of learning something when you find ________ source.

Last but not least, you should focus on the message itself instead of the writer/speaker. Though you cannot help disliking some people, ________ is human nature, you can still learn from them. Active learners do not judge people ________ (base) on first impressions or personal feelings or assume that some people are always right just because they are your friends.

T: I'll ask two students to write down their answers.

S1: automatically; yourselves; missing; is; out

S2: but; sounds; the; which; based

T: Good job. Thank you. Come back and sit down please. Please check your answers.

三、课堂总结

（一）对标小结

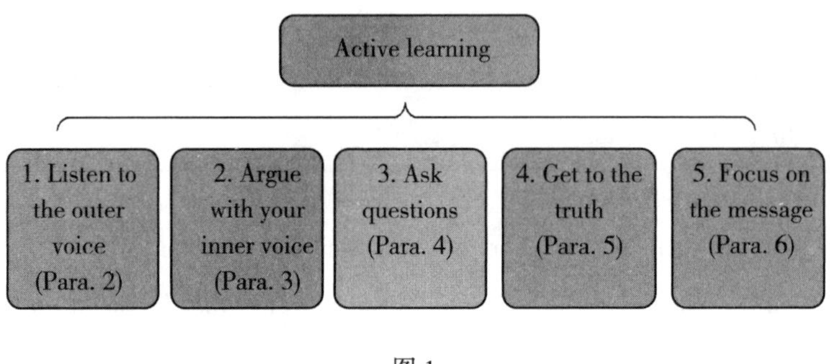

图 1

（二）课堂表现总评

大家这节课都表现得很积极，我认为同学们对这篇文章理解得不错。课后如果有任何问题，请向我或者其他同学询问。

（三）作业布置

(1)复习这篇文章中的重要语言表达。

(2)完成第 55 页的第 8、9 和 10 题练习。

（四）预习布置

预习下节课内容对应的新词汇，做到会读会认。

★课后反思

1. 本节阅读课容量大，目标基本完成，但时间略显仓促，课堂导入环节还需要再优化、调整。

2. 在学生展示环节，参与的学生相对较少，应想办法激励更多的学生敢于上台展示。

3. 总体来说，这节课从备课、上课到评课都让我收获不少。在以后的教学中我会更加努力钻研教材和教法，不断学习，为实现高效率课堂教学目标不懈努力。

“匀变速直线运动的规律”课堂实录

光山高级中学 ◇周青松

一、课前组织

（一）检查

预习检查:各小组组长检查一轮复习资料预习完成情况,教师抽查并用多媒体展示优秀学生资料预习情况。

（二）学科特色——课前一题

多媒体展示题目,请 12 号同学讲解课前一题。

(多选)某物体以 30 m/s 的初速度竖直上抛,不计空气阻力,g 取 10 m/s^2,5 s 内物体的 (　　)

A. 路程为 65 m

B. 位移大小为 25 m,方向向上

C. 速度改变量的大小为 10 m/s

D. 平均速度大小为 13 m/s,方向向上

教师点评:这是一道竖直上抛运动的题,12 号同学用分段法和整段法解决该题,讲得非常好,希望大家多向他学习。

（三）课堂教学目标

(1)理解和掌握匀变速直线运动的规律。

(2)总结匀变速直线运动的常用解题方法。

二、课中教学

(一)组织教学

师:物理来源于生活,我们经常看到各种各样物体的运动,大到天体的运动,小到水滴从屋檐滴下,这些运动有什么规律?我们又如何认识?今天我们复习匀变速直线运动。请同学们准备好一轮复习资料、练习本、笔记本、红色水笔。

(二)课堂教学目标解读

师:本节课我们复习匀变速直线运动的规律及运用这些规律解决问题,同时通过后面的例题总结解决匀变速直线运动问题的常用方法。

(三)课堂教学活动

师:这节课我们要解决两个问题,分别是掌握匀变速直线运动的规律和匀变速直线运动的常用解题方法。

首先我们解决第一个问题,请同学们想一下匀变速直线运动的基本规律有哪些,然后完成一轮复习资料课前基础落实。

1. 基本规律

速度公式:$v=\underline{v_0+at}$。

位移公式:$x=\underline{v_0t+\frac{1}{2}at^2}$。

速度与位移的关系式:$\underline{v^2-v_0^2}=2ax$。

师:第一个公式是怎么得出的?

生:由加速度公式得出。

师:第二个公式是怎么得出的?

生:由 v-t 图像面积得出。

师:在第二个公式得出过程中我们又得出了什么重要结论?

生 9:位移公式 $x=\frac{v_0+v}{2}t$。

生 12:$v-t$ 图像面积表示位移。

生 23:平均速度公式 $\bar{v}=\frac{v_0+v}{2}$。

师:平均速度公式 $\bar{v}=\frac{v_0+v}{2}$有适用条件吗?

生:适用匀变速直线运动。

师:第三个公式是怎么得出的?

生:由第一个和第二个公式联立消去时间 t 得到。

师:大家回答得非常好,我们熟练掌握这些基本公式就能解决绝大部分运动学的题目,现在我们用基本公式法来尝试解决一些问题。

[练一练]在 2021 年第十四届全运会 100 m 决赛中,运动员奋力拼搏,取得了优异成绩。比赛时某运动员的起跑反应时间是 0. 170 s,加速过程可以看成匀加速直线运动,加速时间约为 2. 5 s,最大速度约为 12 m/s,则该运动员在加速阶段的加速度与位移约为 ( )

A. 4. 8 m/s^2,16 m　　B. 4. 8 m/s^2,15 m

C. 4. 5 m/s^2,16 m　　D. 4. 5 m/s^2,15 m

师:请同学们说说自己的做题思路。

生 7:利用加速度公式求加速度,利用 $x=v_0t+\frac{1}{2}at^2$ 求位移。

师:非常好。有没有同学说说求位移还可以用其他什么公式更简单些?

生 26:用平均速度乘时间。

师:非常好。请同学们思考,运动员跑完全程的成绩是多少?用不用加上反应时间?

生:需要加上反应时间,因为反应时间被计入运动员的成绩。

[练一练](多选)一辆汽车以 25 m/s 的速度沿平直公路行驶,突然发现前方有障碍物,立即刹车,汽车做匀减速直线运动,加速度大小为 5 m/s^2,那么从刹车开始计时,前 6 s 内的位移大小与第 6 s 末的速度大小分别为

( )

A. $x=60$ m　　　　B. $x=62.5$ m

C. $v=0$　　　　D. $v=5$ m/s

师:我们来看看两类特殊的匀减速直线运动。第一类刹车问题,请同学们说说这类问题应该注意什么。

生:先算速度减为0时的时间。

师:非常好,我们遇到刹车问题时第一反应是算刹车时间,本题刹车时间是5 s,因此第6 s车辆静止不动。

[练一练]在足够长的光滑斜面上,有一物体以10 m/s的初速度沿斜面向上运动,如果物体的加速度始终为5 m/s^2,方向沿斜面向下。经过3 s时物体的速度大小和方向是 (　　)

A. 25 m/s,沿斜面向上

B. 5 m/s,沿斜面向下

C. 5 m/s,沿斜面向上

D. 25 m/s,沿斜面向下

师:第二类特殊的匀减速直线运动问题是双向可逆类问题,请同学们说说这类问题应该注意什么。

生4:物体速度减为0时不会静止不动。

师:会做什么运动?有什么特点?

生4:会做反方向的匀加速运动,具有对称性。

师:请认真思考,对比以上两题你有什么感悟?

学生纷纷说出自己的看法:有的学生说遇到刹车问题先算刹车时间,有的学生说遇到匀减速问题需判断速度减为0时会不会静止不动,还有的学生说遇到双向可逆类问题可以用对称性解决。

师:刹车问题与双向可逆类问题的不同点说明什么?

待学生发言之后,教师引导学生得出不同点出现的原因:力是改变物体运动状态的原因,力决定物体的运动。

师:由匀变速直线运动的基本规律,我们看看能不能得到有用的结论。

2. 重要推论

(1)平均速度关系式：$\bar{v}=v_{\frac{t}{2}}=\frac{v_0+v_t}{2}$，即一段时间内的平均速度等于这段时间中间时刻的瞬时速度，也等于这段时间初、末时刻速度矢量和的一半。

(2)位移差公式：任意两个连续相等时间间隔(T)内的位移之差相等，即$\Delta x=x_2-x_1=x_3-x_2=\cdots=x_n-x_{n-1}=aT^2$。

(3)位移中点速度公式：$v_{\frac{x}{2}}=\sqrt{\frac{v_0^2+v_t^2}{2}}$。

师：以上三个推论适用于初速度为任意值的匀变速直线运动，那么这些规律是怎么得出来的？请1~3组同学推导第一个推论，4~6组同学推导第二个推论，其他组同学推导第三个推论。

两分钟过后，教师随机找多名学生利用多媒体展示自己的推导成果，并进行点评。

师：请同学们思考，如何比较匀变速直线运动的中间时刻瞬时速度和中间位置瞬时速度的大小？请两位同学在黑板上展示。

(4)初速度为0的匀加速直线运动的比例关系

①1T末、2T末、3T末……nT末的瞬时速度之比：

$v_1:v_2:v_3:\cdots:v_n=\underline{1:2:3:\cdots:n}$。

②第1个T内、第2个T内、第3个T内……第n个T内的位移之比：

$x_1:x_2:x_3:\cdots:x_n=\underline{1:3:5:\cdots:(2n-1)}$。

③从静止开始通过连续相等的位移所用时间之比：

$t_1:t_2:t_3:\cdots:t_n=\underline{1:(\sqrt{2}-1):(\sqrt{3}-\sqrt{2}):\cdots:(\sqrt{n}-\sqrt{n-1})}$。

师：以上三个推论适用于初速度为0的匀变速直线运动，同样请1~3组同学推导第一个推论，4~6组同学推导第二个推论，其他组同学推导第三个推论。

两分钟过后，教师随机找多名学生利用多媒体展示自己的推导成果，并进行点评。

师：请同学们思考，初速度为0的匀变速直线运动，你最容易想到什么运动？又有什么规律？

生 18:自由落体运动。

速度公式:$v=gt$。

位移公式:$h=\frac{1}{2}gt^2$,$h=\frac{v}{2}t$。

速度—位移公式:$v^2=2gh$。

3. 匀变速直线运动题目常见解题方法

师:解决匀变速直线运动题目常见的方法有哪些?通过以下几题我们来共同总结一些方法。

(1)比例法

[练一练]质点从静止开始做匀加速直线运动,在第 1 个 2 s、第 2 个 2 s 和第 5 s 内三段位移之比为 ( )

A. 2∶6∶5　　B. 2∶8∶7

C. 4∶12∶9　　D. 2∶2∶1

师:请同学们讲一下自己的做题思路。

生 37:把匀加速运动分成 5 个 1 s,利用位移比例关系解题。

师:通过这道题同学们有什么感悟?

[悟一法]比例法适用于初速度为 0 的匀加速直线运动和末速度为 0 的匀减速直线运动。

(2)逆向思维法

[练一练]一个物块(可看成质点)以一定的初速度从一光滑斜面底端 A 点上滑,最高可滑到 C 点,已知 AB 长度是 BC 的 3 倍,如图 1 所示,已知物块从 A 到 B 所需时间为 t_0,则它从 B 经 C 再回到 B,需要的时间是 ( )

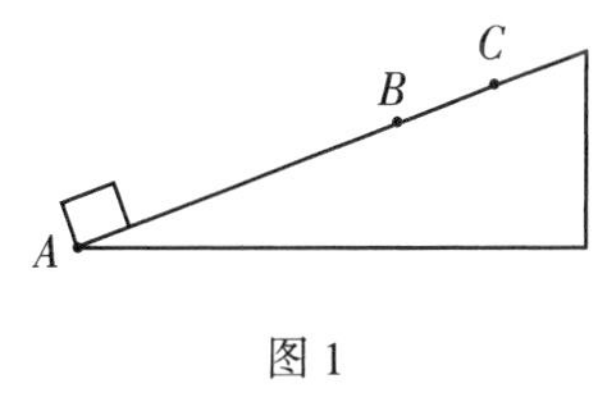

图 1

A. t_0　　B. $\frac{t_0}{4}$　　C. $2t_0$　　D. $\frac{t_0}{2}$

师:请同学们讲一下自己的做题思路。

生 39:匀减速直线运动速度减为 0 可以逆向看成初速度为 0 的匀加速直线运动,利用比例关系求解。

师:解答这道题同学们有什么感悟?

[悟一法]逆向思维法是指把末速度为0的匀减速直线运动看成反向的初速度为0的匀加速直线运动。

在利用逆向思维法求解问题时,结合比例法求解往往会使问题简化。

(3)推论法

[练一练]如图2所示,某次蹦床运动员竖直向上跳起后,在向上运动的过程中依次通过 O、P、Q 三点,这三个点距蹦床的高度分别为5 m、7 m、8 m,并且从 O 至 P 所用时间和从 P 至 Q 所用时间相等,已知重力加速度 g 取10 m/s^2,蹦床运动员可以上升的最大高度(距离蹦床)为 ( )

A. 8.125 m　　B. 9.125 m

C. 10.5 m　　D. 11.5 m

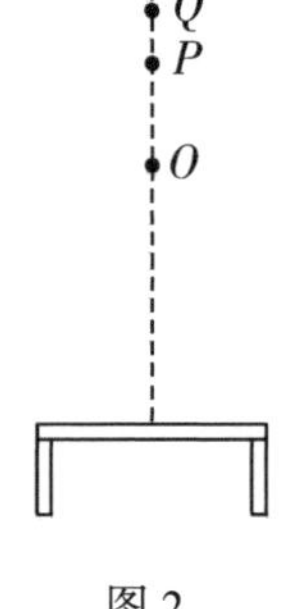

图2

师:请同学们讲一下自己的做题思路。

生28:O 到 P 所用时间和 P 到 Q 所用时间相等,利用 $\Delta x=aT^2$ 求时间,再利用中间时刻瞬时速度等于平均速度求 P 点速度,从而解决问题。

师:同学们解答这道题有什么感悟?

[悟一法]推论法是指利用 $\Delta x=aT^2$ 或 $x_m-x_n=(m-n)aT^2$ 求解匀变速直线运动问题,在此类问题中,利用推论法求出加速度往往是解决问题的突破口。

(4)平均速度法

[练一练]汽车启动后做匀加速直线运动,汽车上的司机发现尚有乘客未上车,急忙使汽车做匀减速运动直至停止,若整个过程历时为 t,行驶位移为 s,那么,此过程中汽车的最大速度大小为 ( )

A. $\frac{s}{2t}$　　B. $\frac{s}{t}$　　C. $\frac{3s}{2t}$　　D. $\frac{2s}{t}$

师:本题匀加速过程和匀减速过程平均速度是否相同?

生:相同。

师:解答这道题同学们有什么感悟?

[悟一法]平均速度法是指利用 $\bar{v}=\frac{x}{t}$ 和 $\bar{v}=\frac{v_0+v_t}{2}=v_{\frac{t}{2}}$ 求解匀变速直线运动问题，$\bar{v}=v_{\frac{t}{2}}$ 也常用于处理纸带类问题。

(5)图像法

[练一练]如图3所示，甲、乙两车同时由静止从 A 点出发，沿直线 AC 运动。甲以加速度 a_3 做初速度为0的匀加速运动，到达 C 点时的速度为 v。乙以加速度 a_1 做初速度为0的匀加速运动，到达 B 点后做加速度为 a_2 的匀加速运动，到达 C 点时的速度也为 v。若 $a_1 \neq a_2 \neq a_3$，则 (　　)

A　　B　　C

图3

A. 甲、乙不可能同时由 A 到达 C

B. 甲一定先由 A 到达 C

C. 乙一定先由 A 到达 C

D. 若 $a_1>a_3$，则甲一定先由 A 到达 C

师：请同学们分组讨论此题怎样用图像法解答，自己在练习本上画 $v-t$ 图像，一会儿找同学在黑板上展示。

学生分组讨论后，教师找学生在黑板上展示。

师：解答这道题同学们有什么感悟？

[悟一法]图像法是指利用 $v-t$ 图像分析物体的运动情况，注意掌握以下三点：①确定不同时刻速度的大小，利用图线斜率求加速度；②利用图线截距、斜率及斜率变化确定物体运动情况；③利用图线与时间坐标轴围成的面积计算位移。

三、课堂总结

(一)对标小结

本节课我们复习了匀变速直线运动的规律，请同学们总结一下匀变速直线运动的处理方法有哪些。

小结：

匀变速直线运动问题的处理方法：
- 基本公式法
- 比例法
- 逆向思维法
- 推论法
- 平均速度法
- 图像法

（二）课堂表现总评

师：同学们今天表现不错，能够做到提前预习，上课积极回答问题，特别是7号、18号、26号、28号、37号、39号等几位同学积极回答问题、听课态度认真，其他同学要向他们学习。

（三）作业布置

完成一轮复习资料“自由落体运动和竖直上抛运动”的作业题。

（四）预习布置

预习运动图像的分类研究。分类总结常见的图像及其斜率、面积、截距的物理意义。

★课后反思

1. 本节课是一轮复习课，对于运动学内容部分学生掌握相对较好，课堂上应着重强调思维方法，注重培养学生画过程草图和运动学图像分析问题的能力。

2. 每道题学生都可能有不同的做题方法，教师应该发挥学生的主体地位，集思广益，在学生提供的方法基础上加以总结归纳。

3. 本节课解题方法归类总结，应分成两个课时，每个课时重点讲解其中的几种方法，每种方法总结后再找几道同类题型当堂训练，效果会更好些。

“抛体运动的规律”课堂实录*

光山高级中学 ◇张绪勇

一、课前组织

（一）检查

通过小组相互检查、教师随机抽查的方式检查学生课前预习情况，并用展台拍照的方式展示预习较好同学的完成情况。

（二）学科特色——课前一题

某河面宽度为 60 m，有一小船船头沿垂直于河岸方向渡河，已知船在静水中的速度大小为 4 m/s，河水流速为 3 m/s，下列说法正确的是 （ ）

A. 小船渡河的实际速度为 7 m/s

B. 小船渡河的时间为 15 s

C. 小船正好到达河正对岸，位移大小为 60 m

D. 小船的运动轨迹是曲线

请 14 号学生讲解此题，教师进行点评。

* 本课内容选用人教版《普通高中教科书 物理 必修 第二册》“抛体运动的规律”讲述。

（三）课堂教学目标

(1)会对平抛运动进行合成和分解。

(2)理解平抛运动的规律并会运用规律进行相关计算。(重点)

(3)理解一般抛体运动,掌握处理抛体运动的一般方法。(难点)

二、课中教学（问题教学，师生互动）

（一）组织教学

师:前面几节课我们一起学习了解决曲线运动问题的方法——运动的合成与分解,初步探讨了平抛运动的特点,今天我们再以平抛运动为例,进一步探讨抛体运动的规律,也就是教材的第 4 节“抛体运动的规律”,本节的学习目标已板书在黑板上。

（二）课堂教学目标解读

(1)知道抛体运动的受力特点,会用运动的合成与分解的方法对平抛运动进行理论分析。

(2)理解平抛运动的规律,知道平抛运动的轨迹是抛物线,会计算平抛运动的速度和位移,会解决相关的实际问题。

(3)掌握处理抛体运动的一般方法,体会研究中所用到的等效思想和“化繁为简”的思想。

(4)通过用平抛运动的知识理解和解释自然、生活和生产中的例子,认识到平抛运动的普遍性,体会物理学的应用价值。

（三）课堂教学活动

1. 基础知识

请同学们结合预习情况,讨论以下问题,稍后以小组为单位进行展示。

问题 1:平抛运动的运动和受力各有什么特点?

讨论成果展示。

生 10:运动轨迹是曲线,速度、方向在时刻改变,且运动得越来越快。

生 20:若不考虑空气阻力,物体只受重力的作用。

(教师归纳总结并板书)

师:平抛运动的物体只受重力作用,是加速度为 g 的匀变速曲线运动。

师:请同学们结合预习情况,再讨论第二个问题。

问题 2:怎样研究平抛运动?平抛运动基本规律是什么?(重点内容)

(讨论成果展示)

生 31:把平抛运动分成两个运动进行研究。

生 41:可运用数学的方法建立坐标系进行处理。

生 45:看看我做得怎样。(学生先动手写出来,然后拍照展示)

教师归纳总结:

(1)平抛运动可分解为水平方向的匀速直线运动和竖直方向的自由落体运动。

(2)平抛运动的速度(物体以初速度 v_0 水平抛出)。

①水平方向速度:$v_x=v_0$。

②竖直方向速度:$v_y=gt$(t 为运动时间)。

③合速度大小:$v=\sqrt{v_x^2+v_y^2}$。方向:$\tan\alpha=\frac{v_y}{v_x}=\frac{gt}{v_0}$($\alpha$ 表示速度方向与水平方向夹角)。

(3)平抛运动的位移(物体以初速度 v_0 水平抛出,经时间 t,物体的位移)。

①水平方向位移:$x=v_0t$。

②竖直方向位移:$y=\frac{1}{2}gt^2$。

③合位移大小:$s=\sqrt{x^2+y^2}$。方向:$\tan\theta=\frac{y}{x}=\frac{gt^2}{2v_xt}=\frac{gt}{2v_x}$。($\theta$ 表示位移方向与水平方向夹角)

师:请同学们再思考一个问题。

问题 3:平抛运动的轨迹是曲线,怎样求出其轨迹方程呢?由水平方向 x

$=v_0t$ 解出 $t=\frac{x}{v_0}$,代入 $y=\frac{1}{2}gt^2$,得 $y=\frac{g}{2v_0^2}x^2$,平抛运动的轨迹是一条抛物线。(教师引导得出结论并板书)

师:我们一起总结出几个重要的结论。(教师提出问题,学生分组讨论)

(4)重要结论

①运动时间:$t=\sqrt{\frac{2h}{g}}$,即做平抛运动的物体在空中的运动时间仅取决于其下落的高度,与初速度无关。

②落地水平位移:$x=v_xt=v_0\sqrt{\frac{2h}{g}}$,即水平方向的位移只与初速度 v_0 和下落高度 h 有关。

③落地时速度:$v=\sqrt{v_x^2+v_y^2}=\sqrt{v_0^2+2gh}$,即物体落地速度只与初速度 v_0 和下落高度 h 有关。

④两个重要推论:α 表示速度矢量 v 与水平方向的夹角,故 $\tan\alpha=\frac{v_y}{v_x}=\frac{gt}{v_0}$,$\theta$ 表示位移矢量与水平方向的夹角,故 $\tan\theta=\frac{y}{x}=\frac{gt^2}{2v_xt}=\frac{gt}{2v_x}=\frac{1}{2}\tan\alpha$。

a. 平抛运动中,某一时刻速度与水平方向夹角的正切值是位移与水平方向夹角正切值的2倍。

b. 如图1,我们可知,平抛运动中,某一时刻速度的反向延长线与 x 轴的交点为水平位移的中点。

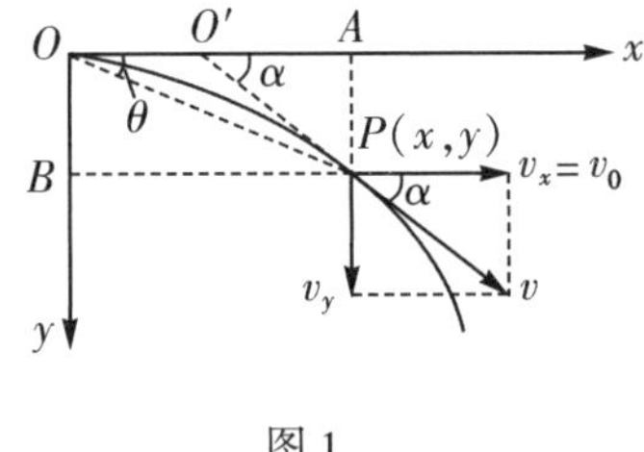

图1

2. 处理例题

师:现在我们一起来看看教材上的例题,来检验和巩固一下所学。

3. 课堂练习

(1)如图2所示,两倾斜轨道完全相同,放在同一竖直面内,末端水平且上下对齐,A 球和 B 球从两轨道的相同位置同时由静止释放,A 球过轨道末端后水平抛出,B 球过轨道末端后沿水平地面前进,A 球落地瞬间与 B 球发生碰

撞，不计两球运动过程中的阻力。该实验现象说明了（　　）

A. A、B 两球的运动是完全相同的

B. A 球在空中做平抛运动

C. A 球在空中时水平分运动是匀速直线运动

图 2

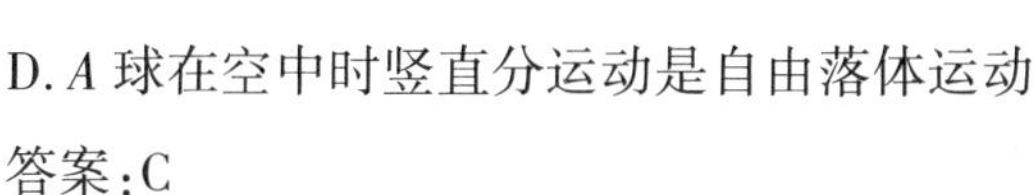

D. A 球在空中时竖直分运动是自由落体运动

答案：C

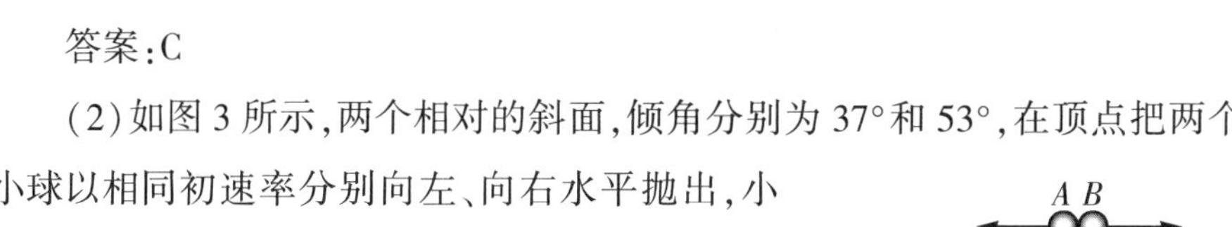

(2) 如图 3 所示，两个相对的斜面，倾角分别为 37°和 53°，在顶点把两个小球以相同初速率分别向左、向右水平抛出，小球都落在斜面上，若不计空气阻力，求解 A、B 两个小球落到斜面上的时间之比。

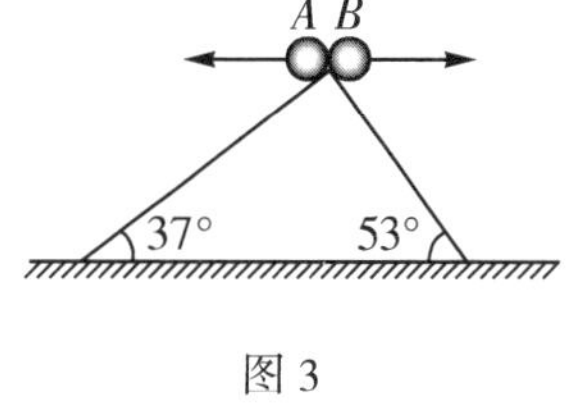

图 3

答案：$\frac{9}{16}$

(3) 如图 4 所示，以 30 m/s 的水平初速度抛出的物体，飞行一段时间后，打在倾角为 30°的斜面上，此时速度方向与斜面夹角为 60°(取 $g=10\ \mathrm{m/s^2}$)，则（　　）

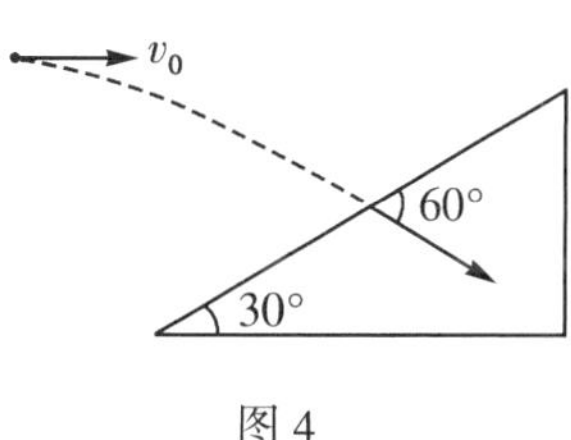

图 4

A. 物体在空中飞行的时间为 $\sqrt{3}$ s

B. 物体在空中飞行的时间为 $3\sqrt{3}$ s

C. 物体落在斜面上的速度大小为 $20\sqrt{3}$ m/s

D. 物体落在斜面上的速度大小为 60 m/s

答案：AC

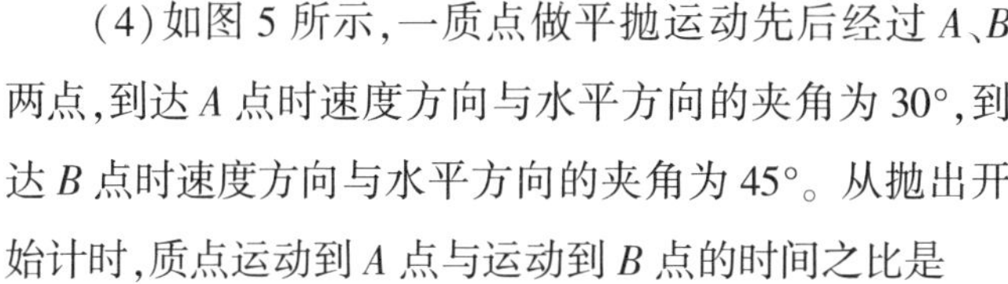

(4) 如图 5 所示，一质点做平抛运动先后经过 A、B 两点，到达 A 点时速度方向与水平方向的夹角为 30°，到达 B 点时速度方向与水平方向的夹角为 45°。从抛出开始计时，质点运动到 A 点与运动到 B 点的时间之比是（　　）

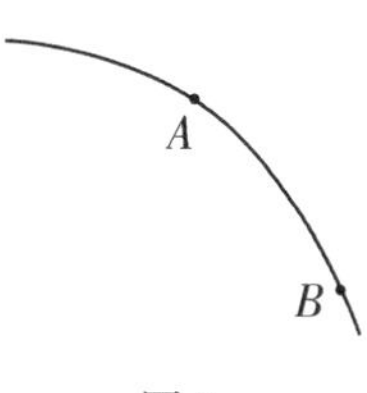

图 5

A. $\frac{1}{3}$　　B. $\frac{\sqrt{3}}{3}$

C. $\frac{2}{3}$　　D. 条件不够,无法求出

答案:B

(5)如图 6 所示,A、B 两小球从相同高度同时水平抛出,经过时间 t 在空中相遇,若两球的抛出速度都变为原来的 2 倍,则两球从抛出到相遇经过的时间为　　(　　)

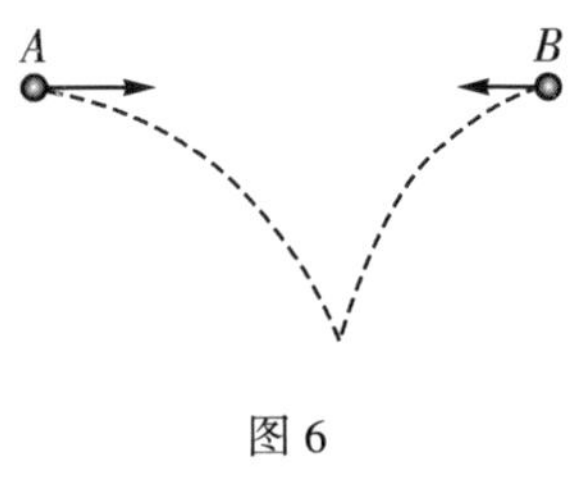

图 6

A. t　　B. $\frac{\sqrt{2}}{2}t$　　C. $\frac{t}{2}$　　D. $\frac{t}{4}$

答案:C

(6)“套圈圈”是小孩和大人都喜爱的一种游戏,游戏规则是:游戏者站在界外从手中水平抛出一个圆形圈圈,落下后套中前方的物体,所套即所得。假设在一平地上,小孩站在界外抛出圈圈并套取前方一物体,若大人也抛出圈圈并套取前方同一物体,则　　(　　)

A. 大人站在小孩同样的位置,以小点的速度抛出圈圈

B. 大人站在小孩同样的位置,以大点的速度抛出圈圈

C. 大人退后并下蹲至与小孩等高,以大点的速度抛出圈圈

D. 大人退后并下蹲至与小孩等高,以小点的速度抛出圈圈

答案:AC

三、课堂小结

(一)对标小结

师:请同学们对照本节课的学习目标,看看自己对本节课内容掌握情况如何。不清楚的内容请及时请教老师和同学,然后进行针对性训练。

(二)课堂表现总评

师:本节课绝大多数同学表现不错,积极主动地参与课堂,自主进行知识

探讨,小组合作很出色,今后要坚持好。但也有个别同学动手练得少,思考不够,今后一定要克服困难,养成良好的听课习惯。

(三)作业布置

(1)教材第 18 页练习与应用 1~4 题。

(2)“配套检测卷”的课时跟踪检测(四)。

(四)预习布置

预习教辅资料第 13 至 16 页的例题和练习,下节课前老师检查。

★课后反思

1. 课堂教学是教师的“教”和学生的“学”的互动,作为教师更应在课堂设计、教学方式、教学手段等方面多下功夫,调动更多的学生参与课堂。开展自主、探究学习,是提高课堂效果的基本保证,也是高效课堂的一个必然要求。

2. 本节课在教师设问引导下,让学生根据所学知识,通过自主探究、合作交流等方式,总结出抛体运动的规律,并通过适当的练习加以巩固和消化,可达预期效果。

“一轮复习：一定物质的量浓度溶液的配制和误差分析”课堂实录

光山高级中学 ◇刘 彬

一、课前组织

（一）检查

检查课前预习情况：

多媒体展示，预习较好的学生代表有18号学生和42号学生，供大家借鉴学习；多媒体展示，需要努力改进的是27号学生，要注意书写规范，重在平时勤加练习，多加约束自己的书写习惯。

（二）学科特色——课前一题

实验室里需要480 mL 0.1 mol/L的硫酸铜溶液，需选取________ mL的容量瓶进行配制，以下操作正确的是 （　　）

A. 称取7.68 g无水硫酸铜，加入500 mL水

B. 称取12.0 g胆矾，配成500 mL溶液

C. 称取8.0 g无水硫酸铜，加入500 mL水

D. 称取12.5 g胆矾，配成500 mL溶液

生8：本题主要考查容量瓶的选取规格和结晶水的处理。根据所选容量瓶的规格可知溶液体积为500 mL，计算两种结果：8 g $CuSO_4$（无水硫酸铜）和

12.5 g $CuSO_4 \cdot 5H_2O$(胆矾),综合分析可知答案为 D。(同学们以热烈的掌声表示鼓励和感谢)

师:本题考查容量瓶规格(100 mL、250 mL、500 mL、1000 mL)的选取原则(大而近),以及结晶水合物的计算——不带结晶水和带结晶水的两种情况。8 号学生的讲解准备充分,精准高效,值得大家学习借鉴。

(三)课堂教学目标

(1)重新简述一定物质的量浓度溶液的配制步骤。(重难点)

(2)理解应用误差分析。(难点)

二、课中教学

(一)组织教学

师:同学们在上节课中能积极参与课堂活动,小组互动讨论较充分,对知识的理解准确到位。其中,作业完成较好的同学有……请同学们课下相互传阅,向优秀伙伴学习,见贤思齐。也希望这节课同学们再接再厉,激情满满的同时收获颇丰!现在请同学们准备好一轮复习资料、课堂练习本、化学笔记本。

(二)课堂教学目标解读

师:本节课要学会配制一定物质的量浓度的溶液,知道溶液配制的有关步骤和方法,了解容量瓶在配制中的作用以及使用方法。通过配制一定物质的量浓度的溶液,提高学生的实验操作能力;通过对实验误差分析,培养学生学会紧扣实验原理对定量实验进行误差分析的能力。本节课是高中化学第一个定量实验,首次出现误差分析,起着承上启下的作用,在本单元乃至整个化学学习中都具有十分重要的地位。

（三）课堂教学活动

1. 思考与回顾

师：如何配制 100 g 质量分数为 10%的 NaCl 溶液？

生 22：

①计算；

②称量：称 NaCl 的质量，量水的体积 90 mL(90 g)；

③溶解；

④装瓶贴签。

（师：PPT 展示主要操作流程）

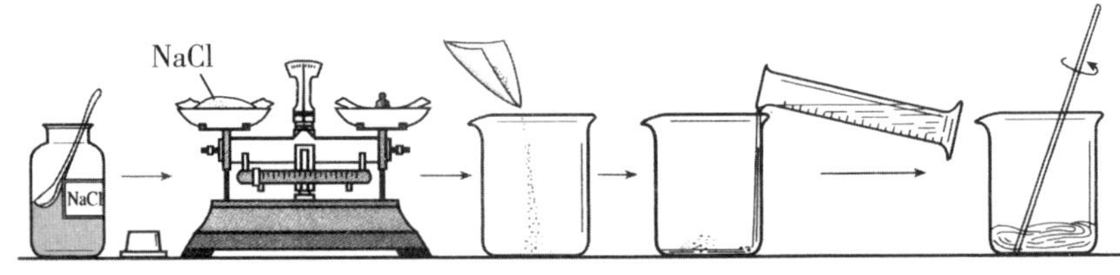

图 1

2. 一定物质的量浓度溶液的配制

(1)认识容量瓶

(2)容量瓶的选择

根据大而近原则选容量瓶；×× mL 容量瓶，只能配制与容量瓶规格相同体积的溶液。

举例说明：

配制 80 mL 的溶液→选取 100 mL 的容量瓶。

配制 180 mL 的溶液→选取 250 mL 的容量瓶。

配制 480 mL 的溶液→选取 500 mL 的容量瓶。

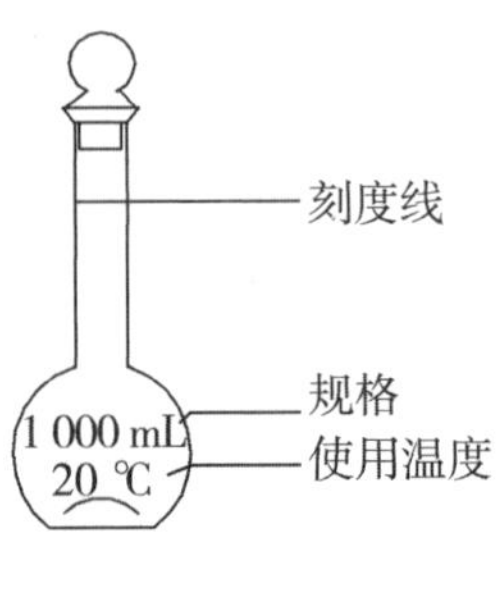

图 2

(3)容量瓶的检查

使用容量瓶前一定要检查是否漏水。操作顺序：装水盖塞→倒立→正立→玻璃塞旋转 180°→倒立→观察是否漏水。

(4)容量瓶的使用:“四个不能”

①不能将固体或浓溶液直接在容量瓶中溶解或稀释;

②不能作为反应容器或用来长期贮存溶液;

③不能将过冷或过热的溶液转移到容量瓶中,因为容量瓶的容积是在瓶身所标温度下确定的;

④不能配制任意体积的溶液,只能配制容量瓶上规定容积的溶液。

师:怎样配制 100 mL 1.00 mol/L 的 NaCl 溶液?

$$n=\frac{N}{N_A}=\frac{m}{M}=\frac{Vg}{Vm}=c_B V_{(溶液)}$$

讨论解决下列问题策略:

①物质的量可以通过称量固体的质量或者量取液体的体积来计量。

②体积则是通过容量瓶控制。

③总结配制步骤。

师:有请 33 号学生上黑板利用多媒体展示操作此实验,望同学们仔细观察,认真总结。

生 33:配制步骤是计算→称量→溶解→移液→定容→摇匀→装瓶贴签。

师:回答基本正确,配制步骤就是选容量瓶→计算→称量→溶解→移液→洗涤→定容→摇匀→装瓶贴签。

3.误差分析(师生互动)

(1)计算

师:请同学们动手计算完成表 1。(PPT 展示问题和答案不同时出现,其中“——”表示不变,“↑”表示增大,“↓”表示减小)

生 5:

表 1　计算环节误差分析

步骤	操作	$m_{溶质}$	$V_{溶液}$	c
计算	计算结果 $m=11.7$ g,称 11.8 g	↑	——	↑

(2)称量:称量前,先调平;称量时,易潮解、有腐蚀的试剂应放在小烧杯中快速称量。

师:若称慢了,会怎样?称量时,左物右码,若放反了,会怎样?

全体学生:都偏低。

师:请同学们思考完成表 2。(PPT 展示问题和答案不同时出现)

生 6:

表 2 称量环节误差分析

步骤	操作	$m_{溶质}$	$V_{溶液}$	c
称量	砝码生锈(没有脱落)	↑	——	↑
	NaOH 放在滤纸上称量(易潮解)	↓	——	↓
	称量 NaOH 时间过长	↓	——	↓

(3)溶解:将溶质倒入小烧杯,加入适量的水,用玻璃棒搅拌加速溶解,冷却至室温。

师:为何不直接在容量瓶中溶解?

全体学生:因为物质溶解时常伴有放热或吸热现象,直接在容量瓶中溶解会使容量瓶体积不准。

师:溶解好了能立刻转移到容量瓶中吗?

全体学生:不能。

师:请讨论完成表 3。(PPT 展示问题和答案不同时出现)

生 19:

表 3 溶解环节误差分析

步骤	操作	$m_{溶质}$	$V_{溶液}$	c
溶解	有少量液体溅出	↓	——	↓
	用来溶解的烧杯中有水	——	——	——
	溶解后未冷却直接转移	——	↓	↑

(4)移液:将烧杯中冷却后的溶液转移到容量瓶。

师:如何将烧杯中的液体转移到容量瓶中?

全体学生：用玻璃棒引流，避免液体洒在瓶外。

师：引流时若有液体洒在瓶外，所配溶液的浓度会怎么变化？

全体学生：偏低。

师：请小组互动完成表4。（PPT展示问题和答案不同时出现）

生44：

表4　移液环节误差分析

步骤	操作	$m_{溶质}$	$V_{溶液}$	c
移液	转移液体前容量瓶中有水	——	——	——
	转移时液体溅出	↓	——	↓
	玻璃棒在刻度线上引流	——	↑	↓

（5）洗涤：移液后，用蒸馏水洗涤小烧杯和玻璃棒2～3次，将洗涤液一并注入容量瓶。

师：为什么要洗涤玻璃棒和烧杯？

全体学生：保证溶质全部转移到容量瓶中。

师：请仔细思考完成表5。（PPT展示问题和答案不同时出现）

生9：

表5　洗涤环节误差分析

步骤	操作	$m_{溶质}$	$V_{溶液}$	c
洗涤	未洗涤或洗涤液未注入容量瓶	↓	——	↓
	未振荡直接定容	——	↓	↑

（6）定容：在容量瓶中继续加水至距刻度线1～2 cm处，改用胶头滴管滴加至刻度线处（液体凹液面最低处与刻度线相切）。

师：请思考完成表6。（PPT展示问题和答案不同时出现）

生10：

表 6　定容环节误差分析

步骤	操作	$m_{溶质}$	$V_{溶液}$	c
定容	定容时,仰视刻度线	——	↑	↓
	定容时,俯视刻度线	——	↓	↑
	定容时,水加多了,用滴管吸出	↓	——	↓

(7)摇匀:把定容后的容量瓶瓶塞塞紧,用食指顶住瓶塞,用另一只手的手指托住瓶底,把容量瓶倒转和摇动几次,混合均匀。

师:如果摇匀后发现液面低于刻度线,怎么办?

全体学生:不能再加水!

师:再加水,所配溶液浓度会怎么变化?

全体学生:偏低。

师:请结合实验操作和生活实际思考完成表 7。(PPT 展示问题和答案不同时出现)

学生 11:

表 7　摇匀环节误差分析

步骤	操作	$m_{溶质}$	$V_{溶液}$	c
摇匀	摇匀后,液面下降,再加水	——	↑	↓

(8)装瓶贴签:容量瓶中不能存放溶液,因此要把配制好的溶液转移到试剂瓶中,贴好标签,注明溶液的名称和浓度。

4. 课堂练习

(1)在容量瓶上没有标记的是　　(　　)

A. 标线　　B. 温度　　C. 浓度　　D. 容量

生 12:选 C。

(2)下列关于容量瓶的特点和使用叙述正确的是　　(　　)

A. 溶液未冷却就转移到容量瓶中

B. 直接将溶质倒入容量瓶中溶解

C. 定容时,加蒸馏水至接近标线 2~3 mm 处,改用胶头滴管滴加

D. 使用前一定要检验它是否漏水

生 13:选 D。

(3)用已经准确称量过的 NaCl 固体配制 500 mL 0.5 mol/L 的 NaCl 溶液,必须用到的仪器是 ( )

①玻璃棒;②分液漏斗;③胶头滴管;④容量瓶;⑤烧杯;⑥烧瓶。

A. ②③④　　B. ①④⑤　　C. ①③④⑤　　D. ③④⑤⑥

生 14:选 C。

三、课堂总结

(一)对标小结

(1)计算→称量→溶解→移液→洗涤→定容→摇匀→装瓶贴签。

(2)配制一定物质的量浓度溶液的误差分析。

公式分析 $c_B=\frac{n_{溶质}}{V_{溶液}}=\frac{m_{溶质}}{M_{溶质}\ V_{溶液}}$,

当 n_B 不变时,V 减小则 c_B 增大,V 增大则 c_B 减小。

当 V 不变时,n_B 减小则 c_B 减小,n_B 增大则 c_B 增大。

(3)课堂提升突破——误差分析,关注两点核心变化,其余大同小异。

①仪器的变化:量筒、滴定管、移液管、容量瓶。

②公式的变化:氧化还原反应滴定(得失电子相等)、酸碱中和滴定(酸碱物质的量相等)。

(二)课堂表现总评

今天学生表现非常好,积极性强,参与度高,思考认真,见解独到,回答精彩,互动很多,互动学生达 10 人以上。学生对本节课所学内容能够熟练掌握,部分学生的实验能力、动手能力得到了较好的展现。美中不足的是,当堂训练少了点。

（三）作业布置

完成“课时跟踪检测”第 316 页 14~15 题。

（四）预习布置

教辅资料第 11 页三种计算方法：①比例式法；②守恒法；③关系式法。

★课后反思

1. 本节课以配制为起点，操作步骤为重点，网络实验操作为激发点，误差分析突破为落脚点，培养了学生解决真实问题和创新的能力。

2. 本节课探索适用于实验教学的高效课堂流程模式，实验操作性、直观性、探究性较强，使学生的实践、合作、质疑等能力均有所加强。

3. 本节课学生激情高，活动多，但有效性有待提升；小组互动的覆盖面、深度还没有达到理想状态；教师讲课细节的把控，时间的掌控，语言幽默、趣味性等还有待提升；本节课教学目标完成较好，但在情景化、问题化、任务化、活动化等方面还可精益求精，在高效课堂的高度、深度、广度、难度等方面还可深入探索。

“高一年级5月份月考化学试卷评讲”课堂实录

光山高级中学 ◇易怀周

一、课前组织

(一)检查

错题本检查(错题重做),检查课前预习情况。

(二)学科特色——课前一题

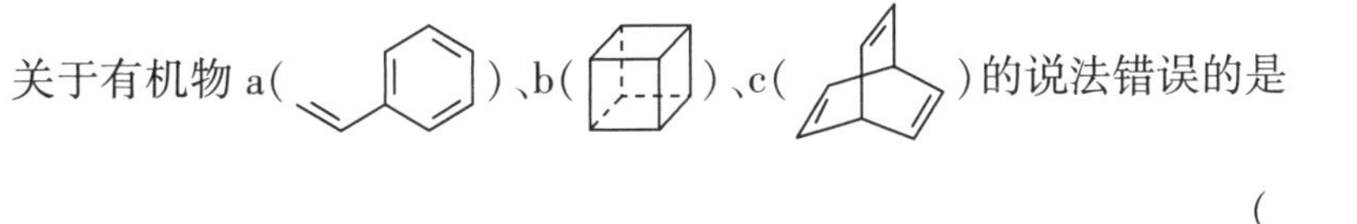

关于有机物a( )、b( )、c( )的说法错误的是 ( )

A. a、b、c 互为同分异构体

B. a、c 均能使酸性高锰酸钾溶液褪色

C. a、c 与足量氢气反应消耗氢气的物质的量之比是 4∶3

D. a、b、c 的一氯代物分别有 4 种、1 种、2 种(不考虑立体异构)

生 1:本题主要考查有机物的同分异构体数目和有机物的性质。

A. a、b、c 的分子式均为 C_8H_8,分子式相同,但结构不同,互为同分异构体,A 正确;B. a、c 都含有碳碳双键,所以都能被酸性高锰酸钾溶液氧化而使酸性高锰酸钾溶液褪色,B 正确;C. a 含有 1 个碳碳双键、苯环,c 含有 3 个碳碳双键,则 a、c 与足量氢气充分反应消耗氢气的物质的量之比是 4∶3,C 正确;D. a 含 5 种 H,b 含 1 种 H,c 含 2 种 H,则 a、b、c 的一氯代物分别有 5 种、1 种、2 种,D 错误。故选 D。谢谢大家!

师:本题考查有机物的结构与性质,侧重分析与应用能力的考查,为高频考点,把握有机物的结构、官能团与性质、有机反应为解答的关键,注意选项 D 为解答的易错点,题目难度不大。

(三)课堂教学目标

(1)理解有机物的结构与性质的联系。

(2)掌握电子守恒的应用(电极反应方程式及计算)。

(3)掌握平衡的简单计算(三段式)、平衡的判断(一动一静)。

二、课中教学

(一)组织教学

本节课我们将对月考试卷进行评讲,请同学们拿出卷子,准备好笔记本。

(二)课堂教学目标解读

(1)分析成绩,查找不足。

(2)自主探索,更正考试易错题。

(3)突破:有机物的结构与性质的联系;电子守恒的应用(电极反应方程式及计算);平衡的简单计算(三段式)、平衡的判断(一动一静)。

(三)课堂教学活动

1. 班级月考成绩分析

师:下面有请咱班化学课代表分析本次班级成绩。

课代表:大家请看本次月考班级成绩统计。最高分 85 分是 8 号同学,80~90 分共有 5 人,70~79 分共有 8 人,60~69 分共有 18 人,不及格学生有 42 人。不及格人数相对较多,希望同学们认真查找原因,课下多用功。本次的考试题相对较难,请大家结合自己的答题情况,总结好错题。谢谢大家!

2. 试题分析

教师展示讲解高一年级5月月考化学试题双向细目表，希望同学们根据双向细目表认真总结错误知识点。

表1　5月月考化学试题双向细目表

题型	题号	分数	知识目标	能力目标			难度要求
			核心考点	接受、吸收、整合信息的能力	分析和解决问题的能力	化学实验与探究的能力	
选择题	1	3	有机物结构与性质		✓	✓	难
	2	3	N_A 的相关计算		✓		难
	3	3	可逆反应三段式的相关计算	✓	✓		难
	4	3	化学平衡状态的判断	✓	✓		中难
	5	3	元素周期表及周期律	✓	✓		中难
	6	3	离子反应	✓	✓	✓	中难
	7	3	化学反应速率	✓		✓	中难
	8	3	气体的制备		✓	✓	中难
	9	3	电荷守恒及离子反应	✓	✓	✓	中难
	10	3	离子反应	✓		✓	中难
	11	3	氧化还原反应	✓	✓		中难
	12	3	离子反应实验操作	✓	✓	✓	中难
	13	3	鉴别实验	✓	✓	✓	中难
	14	3	有机物结构与性质	✓	✓	✓	中难
	15	3	有机物结构与性质	✓	✓		中难
	16	3	有机物结构与性质	✓	✓	✓	中难

续表

<table>
<tr><td rowspan="2">题型</td><td rowspan="2">题号</td><td rowspan="2">分数</td><td>知识目标</td><td colspan="3">能力目标</td><td rowspan="2">难度要求</td></tr>
<tr><td>核心考点</td><td>接受、吸收、整合信息的能力</td><td>分析和解决问题的能力</td><td>化学实验与探究的能力</td></tr>
<tr><td rowspan="4">非选择题</td><td>17</td><td>12</td><td>原电池原理的应用
燃料电池电极反应式的书写</td><td>✓</td><td>✓</td><td>✓</td><td>中难</td></tr>
<tr><td>18</td><td>14</td><td>化学能与热能
化学反应速率的计算
化学平衡状态的判断
平衡转化率的计算</td><td>✓</td><td>✓</td><td></td><td>中难</td></tr>
<tr><td>19</td><td>12</td><td>简单有机物转化及推断
有机物的同分异构
有机方程式的书写</td><td>✓</td><td>✓</td><td>✓</td><td>中难</td></tr>
<tr><td>20</td><td>14</td><td>验证实验、实验基本操作
未知方程式的书写</td><td>✓</td><td>✓</td><td>✓</td><td>容易</td></tr>
</table>

师:同学们请看,根据我们本次考试的得分统计情况来看,2、5、12、17、20题得分率较低,请同学们对这几道题多加注意。

3. 教师展示答卷

师:通过对比试卷作答情况,反思个人存在问题,学习别人的长处。9、16、28、35、38号这几个同学的卷面书写非常工整,对待考试很认真,希望同学们要以他们为榜样。

师:接下来请课代表根据错题统计,组织班级同学分组讨论。

课代表:根据错误率,评讲题目为2,5,12,14,17(1)(2),20(3),第2题1、2小组讨论,第5题3、4小组讨论,第12题5、6小组讨论,以下题目依次类推。

4. 分组讨论和小组展示

师:好,同学们已经讨论 5 分钟了,下面开始评讲错题。

(1)四种主族元素的离子${}_aX^{m+}$、${}_bY^{n+}$、${}_cZ^{n-}$和${}_dR^{m-}$(a、b、c、d 为元素的原子序数),它们具有相同的电子层结构,若 $m>n$,则下列叙述正确的是　(　　)

①$a-b=n-m$

②元素的原子序数:$a>b>c>d$

③元素非金属性:Z>R

④最高价氧化物对应的水化物的碱性:X>Y

A. ③　　B. ①②③④　　C. ①②③　　D. ②③

生 3:大家好,请看这道题,四种短周期元素的离子${}_aX^{m+}$、${}_bY^{n+}$、${}_cZ^{n-}$和${}_dR^{m-}$具有相同的电子层结构,则 $a-m=b-n=c+n=d+m$。若 $m>n$,则原子序数大小顺序是 $a>b>c>d$,结合离子所带电荷可知,X、Y 为金属元素,Z、R 为非金属元素,且 X、Y 位于 Z 和 R 的下一周期,在同一周期元素中,元素的非金属性随着原子序数的增大而增强,元素的金属性随着原子序数的增大而减弱,元素的金属性越强,其最高价氧化物的水化物碱性越强,据此答题,答案应该选 D。

师:这位同学讲得很好。本题考查周期元素的结构、性质、位置关系与应用,关键是利用离子的电子层结构相同来分析元素的位置,题目属于中等难度,答题时注意元素周期律的灵活运用。接下来请第 3 组、第 4 组的代表 16 号同学评讲,大家欢迎!

(2)用 N_A 表示阿伏伽德罗常数的值,下列说法正确的是　(　　)

A. 1 mol 丙烯分子中含有的共用电子对数为 $8N_A$

B. 标准状况下,2.24 L $CHCl_3$ 含有的分子数为 $0.1N_A$

C. 6.4 g SO_2 与足量 O_2 反应生成 SO_2 时,转移的电子总数为 $0.2N_A$

D. 常温常压下,46 g 由 NO_2 和 N_2O_4 组成的混合物中含有氧原子总数为 $2N_A$

生 16:大家好! A. 丙烯的结构简式为 $CH_2=CHCH_3$,1 mol 丙烯分子中含有的共用电子对数为 $9N_A$,A 错误。B. 甲烷和氯气的取代反应是连锁反应,会生成一氯甲烷、二氯甲烷、三氯甲烷和四氯化碳,1 mol CH_4 与 Cl_2 充分燃烧,

生成 $CHCl_3$ 的分子数小于 N_A，B 错误。C. 0.1 mol SO_2 与足量 O_2 在高温、催化剂条件下充分反应，反应为可逆反应，不能进行彻底，生成的 SO_2 分子数小于 $0.1N_A$，转移的电子总数小于 $0.2N_A$，C 错误。D. NO_2 和 N_2O_4 的最简式均为 NO_2，故 46 g 混合物中含有的 NO_2 的物质的量为 1 mol，含有的氧原子总数为 $2N_A$，D 正确。故选 D。

师：16 号同学讲得很好。本题考查了物质的量和阿伏伽德罗常数的有关计算，题目难度不大，掌握公式的运用和物质的结构是解题关键。本题很多同学出错的原因是大意，不认真读题审题。下面请第 5 小组代表 35 号同学讲错题。

(3)在人类生产、生活对能量的需求日益增长的今天，研究化学反应及其能量变化，合理利用常规能源和开发新能源具有十分重要的意义。能源是人类赖以生存和发展不可缺少的因素。请回答下列问题：

①科学家制造出了一种使用固体电解质的燃料电池，其效率很高，可用于航天航空。如图 1 所示装置中，以稀土金属材料为惰性电极，在两极上分别通入 CH_4 和空气，其中固体电解质是掺杂了 Y_2O_3 的 ZrO_2 固体，它在高温下能传导 O^{2-}，则 c 电极的名称为________（填“正极”或“负极”），d 电极上的电极反应式为________________。

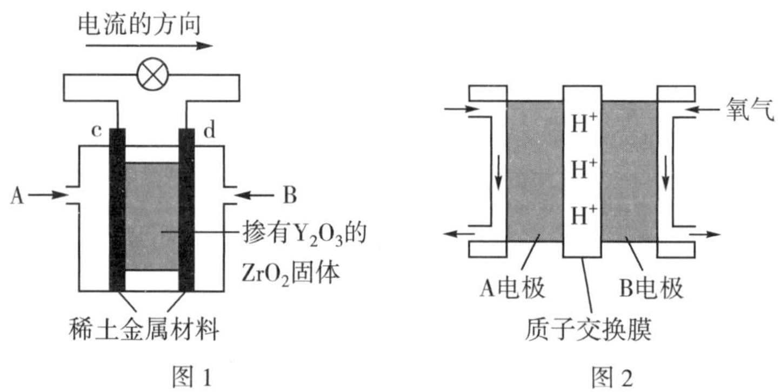

图 1　　图 2

②绿色电源“直接二甲醚（CH_3OCH_3）燃料电池”的工作原理如图 2 所示。H^+的移动方向为由________（填“A”或“B”，下空同）电极到________电极。写出 B 电极的电极反应式：________________________。

生 35：①由图可知，c 极为电流的流出极，故 c 极为正极，d 为负极，电极

反应式为 $CH_4-8e^-+4O^{2-}$══CO_2+2H_2O,故答案为:正极;$CH_4-8e^-+4O^{2-}$══CO_2+2H_2O。

②燃料电池中,可燃物作负极,助燃剂作正极,故 B 极为正极,A 极为负极。原电池工作时,阳离子向正极移动,故 H^+的移动方向为由 A 电极到 B 电极,B 极为正极,电极反应式为 $O_2+4H^++4e^-$══$2H_2O$,故答案为:A;B;$O_2+4H^++4e^-$══$2H_2O$。

师:本题考查原电池原理,题目难度中等,能依据图像和题目信息准确判断正负极是解题的关键,难点是电极反应式的书写。

5. 错因分析

师:同学们,根据刚才几位同学的讲解,相信大家对本次错题有了认识。请同学们看一下本次的错因分析。(多媒体展示)

(1)运算能力不足!大部分同学关于平衡转化率、N_A 的计算等题得分较低。

(2)背记没有引起重视,基本概念、基础知识掌握不牢固;选择题得分率低。

(3)语言描述类化学专业术语运用不当,表述不够准确。

(4)审题不仔细,答题不规范,丢分多的地方多源于习惯问题。

6. 跟踪练习

由 38、49 号学生依次讲解跟踪训练两道题。

(1)关于化合物 2-苯基丙烯(),下列说法正确的是 ( )

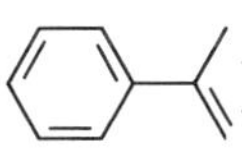

A. 能使酸性高锰酸钾溶液褪色

B. 可以发生加成聚合反应

C. 分子中所有原子共平面

D. 易溶于水及甲苯

生 38:由结构可知,含苯环、碳碳双键,均为平面结构,结合苯及烯烃的性质来解答。A. 含有碳碳双键,可被酸性高锰酸钾溶液氧化,则能使酸性高锰酸钾溶液褪色,A 正确。B. 含有碳碳双键,可发生加聚反应,B 正确。C. 含有甲基,具有甲烷的结构特点,则所有的原子不共平面,C 错误。D. 为烃类,难溶于水，D 错误。故选 A、B。

师：38 号同学讲得很好。那么对于这一类题，我们一起总结一下解题方法。

根据物质的性质推断官能团：能使溴水褪色的物质，含有 C ═C（或碳碳三键）；能发生银镜反应的物质，含有—CHO；能与金属钠发生置换反应的物质，含有—OH、—COOH；能与碳酸钠作用的物质，含有羧基或酚羟基；能与碳酸氢钠反应的物质，含有羧基；能水解生成醇和羧酸的物质是酯；等等。

（2）锂-铜空气燃料电池是低成本高效电池。该电池通过一种复杂的铜“腐蚀”现象产生电能，其中放电过程为 $2Li+Cu_2O+H_2O═══2Cu+2Li^++2OH^-$。下列说法不正确的是 （　　）

A. 放电时，Li^+ 透过固体电解质向 Cu 极移动

B. 通空气时，铜被腐蚀，产生 Cu_2O

C. 放电时，正极的电极反应式为 $Cu_2O+2e^-+2H^+═══2Cu+H_2O$

D. 整个反应过程中，氧化剂为 O_2

生 49：原电池放电时，锂失电子作负极，Cu 上 O_2 得电子作正极，负极上电极反应式为 $Li-e^-═══Li^+$，正极上电极反应式为 $O_2+4e^-+2H_2O═══4OH^-$，电解质溶液中阳离子向正极移动，阴离子向负极移动，据此分析解答。通空气时，铜被腐蚀，表面产生 Cu_2O，放电时 Cu_2O 转化为 Cu，则整个反应过程中，铜相当于催化剂，得电子的物质是氧气，所以氧化剂为 O_2，故选 C。

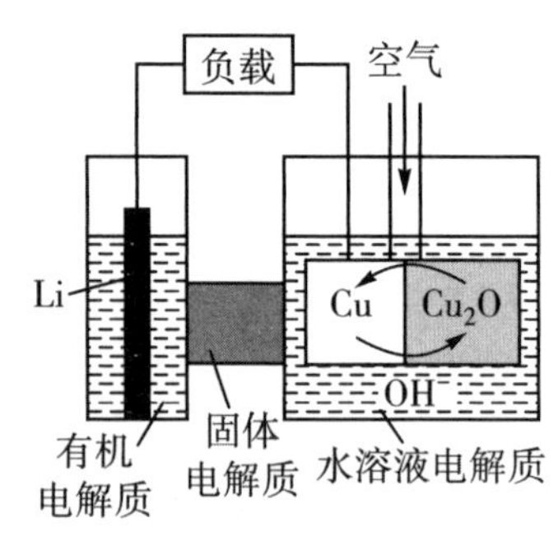

图 3

师：49 号同学讲得很好。本题考查了原电池原理，明确原电池电极上得失电子及电极反应式是解本题的关键，题目难度中等，注意把握 Cu 在整个过程中的作用，侧重于考查学生的分析能力和应用能力。对于这一类题，我们一起总结一下解题方法。

电化学（原电池）解题思路：明原理（氧化还原反应）、两极一液成回路、

电极反应方程式书写,常规先写负极,燃料电池先写正极。

三、课堂总结

(一)对标小结

师:由于时间关系,本次我们就突破以上两点。请课代表总结本节课的课堂收获。

课代表:首先,本节课我们评讲了试卷错题,知道了本次班级考试的成绩情况,明白了自己的不足,从老师的分析中我找到了题目出错的原因以及对应的解题方法。其次,对于知识点,我感觉收获较大的就是对于有机物的结构和性质类的题目,要细心审题,同时课下要对基础知识进行识记。

(二)课堂表现总评

师:本节课同学们都能积极参与,课堂气氛热烈,共同将本节课任务圆满完成,希望大家继续保持!

(三)作业布置

完成教辅资料 83~87 页内容,并完成配套检测卷。

(四)预习布置

自主预习教材“金属冶炼方法”章节内容。

★课后反思

1. 本节评讲课课堂容量大,课堂设计还需要再优化,目标基本完成,但还可以在时间分配和学生展示环节上精益求精。

2. 在学生讨论环节,可以再辅助一些提示,可以促进学生更好地理解;多媒体技术的运用可以更加充分一些。

“DNA 的复制”课堂实录*

光山高级中学 ◇彭亚娟

一、课前组织

（一）检查

(1)预习检查

检查教辅资料本节内容知识梳理部分完成情况。

(2)上节内容检查(随机提问)

问题 1:DNA 半保留复制的实验验证采用了哪些实验方法?

生 1:同位素标记法及密度梯度离心法。

问题 2:简述实验过程。

生 21:以含^{15}N的培养液来培养大肠杆菌,让大肠杆菌繁殖几代,再将大肠杆菌转移到含^{14}N的普通培养液中。在不同时刻收集大肠杆菌并提取 DNA,将提取的 DNA 进行密度梯度离心,记录离心后试管中 DNA 的位置。

问题 3:分析实验结果。(板书:按半保留复制的方式画出亲代 DNA,以及子一代、子二代、子三代 DNA 图示)

生 13:我来为大家汇报实验结果。

---

* 本课内容选用人教版《普通高中教科书 生物学 必修 2 遗传与进化》第三章第三节“DNA 的复制”讲述。

亲代:一条重带。

子一代:一条中带。

子二代:一条中带,一条轻带。

子三代:一条中带,一条轻带。(轻带宽度是子二代的 3 倍)

师:本实验通过假说—演绎法证明了 DNA 为半保留复制。

(二)学科特色——课前一题

一个 DNA 分子的一条链上,腺嘌呤与鸟嘌呤数目之比为 2∶1,两者之和占 DNA 分子碱基总数的 24%,则 DNA 分子的另一条链上,胸腺嘧啶占该链碱基数目的 (　　)

A. 32%　　B. 24%　　C. 14%　　D. 28%

答案:A

(三)课堂教学目标

(1)简述 DNA 复制的过程,并归纳出 DNA 复制过程的条件和特点。

(2)理解 DNA 复制在遗传上的意义。

二、课中教学

(一)组织教学

师:同学们,上节课我们讲了如何通过实验证明 DNA 的半保留复制,今天这节课我们一起来学习 DNA 复制的过程。

(二)课堂教学目标解读

(1)简述 DNA 复制的过程,并归纳出 DNA 复制过程的条件和特点,这是本节课的重点,也是难点。

(2)理解 DNA 复制在遗传上的意义,这是本节课的重点。

(三)课堂教学活动

1. 自主学习

学生阅读教材 55~56 页相关内容,完成自主学习。

2. 师生互动,合作探究

教师利用多媒体展示 DNA 复制的动态变化过程,并利用 PPT 展示本节问题探讨,让学生分组讨论和交流。

问题探讨:

(1)什么是 DNA 的复制?

(2)DNA 在什么时候复制?

(3)DNA 复制的场所在哪里?

(4)DNA 复制的过程如何?

(5)DNA 复制需要哪些条件?

(6)DNA 复制过程的特点有哪些?

(7)DNA 分子为何能精确复制?

(8)DNA 复制的意义是什么?

学生上台展示讨论结果,归纳并板书要点。(学生扮演"小老师"角色)

生 4:我回答问题(1)(2)(3)。

(1)概念:指以亲代 DNA 为模板合成子代 DNA 的过程。DNA 的复制实质上是遗传信息的复制。

(2)时间:细胞分裂前的间期。

(3)场所:细胞核(主要)、线粒体、叶绿体。

师:关于 DNA 复制的过程结合动画一一解读。

过程:

①解旋提供精确模板:在 ATP 供能、解旋酶的作用下,DNA 两条链配对的碱基从氢键处断裂,两条螺旋的双链解开,这个过程叫作解旋。解开的两条单链叫母链(模板链)。

②合成互补子链:以上述解开的每一条母链为模板,以周围环境中游离的 4 种脱氧核苷酸为原料,按照碱基互补配对原则,在有关酶(DNA 聚合酶、

DNA 连接酶等)的作用下,各自合成与母链互补的一条子链。

③子、母链结合盘绕形成新 DNA 分子:随着模板链解旋过程的进行,新合成的子链也不断地延伸。同时,每条子链与其对应的母链盘绕成双螺旋结构,从而各自形成一个新的 DNA 分子。这样,复制结束后,1 个 DNA 分子就形成了 2 个完全相同的 DNA 分子。

结果:一个 DNA 分子形成两个完全相同的 DNA 分子。

哪位同学能根据我们学习的 DNA 复制的过程归纳出 DNA 复制所需的条件和特点呢?

生 25:我回答问题(5)和(6)。

(5)条件:

一是模板:解旋的 DNA 两条单链。

二是原料:4 种脱氧核苷酸。

三是能量:ATP。

四是酶:解旋酶、DNA 聚合酶等。

(6)特点:

一是边解旋边复制。

二是半保留复制(即在子代双链 DNA 分子中,有一条链是亲代原有的链,另一条链则是新合成的)。

生 36:我回答问题(7)。

准确复制的原因:

一是 DNA 独特的双螺旋结构,为复制提供了精确的模板。

二是碱基互补配对,使复制准确无误。

生 7:我回答问题(8)。

意义:DNA 通过复制,将遗传信息从亲代细胞传给子代细胞,从而保持了遗传信息的连续性。

3. 巩固练习

(1)DNA 分子复制能准确无误地进行的原因是 (　　)

A. 碱基之间由氢键相连

B. DNA 分子独特的双螺旋结构

C. DNA 的半保留复制

D. DNA 的边解旋边复制特点

(2)将 DNA 双链都被^{15}N 标记的大肠杆菌放在含有^{14}N 的培养基中培养,使其分裂 3 次,下列叙述正确的是 (　　)

A. 所有的大肠杆菌都含有^{15}N

B. 含有^{15}N 的大肠杆菌占全部大肠杆菌的比例为 1/2

C. 含有^{15}N 的大肠杆菌占全部大肠杆菌的比例为 1/4

D. 含有^{15}N 的 DNA 分子占全部 DNA 分子的比例为 1/8

生:(1)(2)题的答案分别是 C、C。

(3)①该过程主要发生在细胞的________________(部位)。正常进行所需的条件是________________等。

②图中 A′链与__________链相同,B′链与________链相同,因此该过程形成的两个 DNA 分子完全相同,每个子代 DNA 分子中均保留了其亲代 DNA 分子的一条单链,这种复制方式称为__________________。

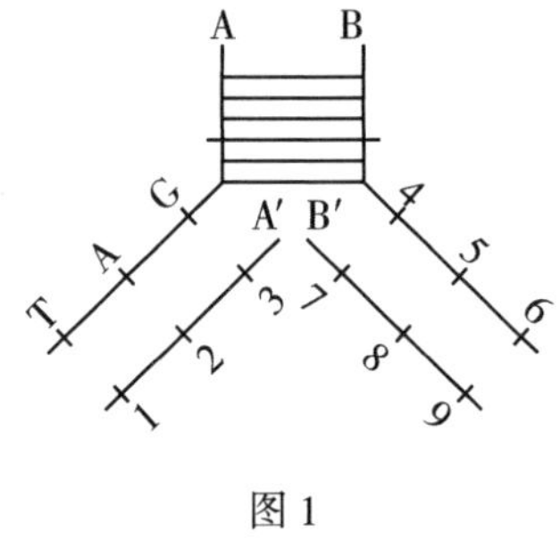

图 1

③假如经过科学家的测定,A 链上的一段(M)中的 A∶T∶C∶G 为 2∶1∶1∶3,能不能说明该科学家的测定是错误的? ________,原因是________________。

④如果以 A 链的 M 为模板,复制出的 A′链碱基比例应该是________________。

学生抢答,交流讨论后教师展示正确答案如下:

①细胞核　模板、原料、能量、酶

②B　A　半保留复制

③不能　DNA 单链中不存在碱基互补配对

④A∶T∶C∶G=1∶2∶3∶1

4. 知识小结

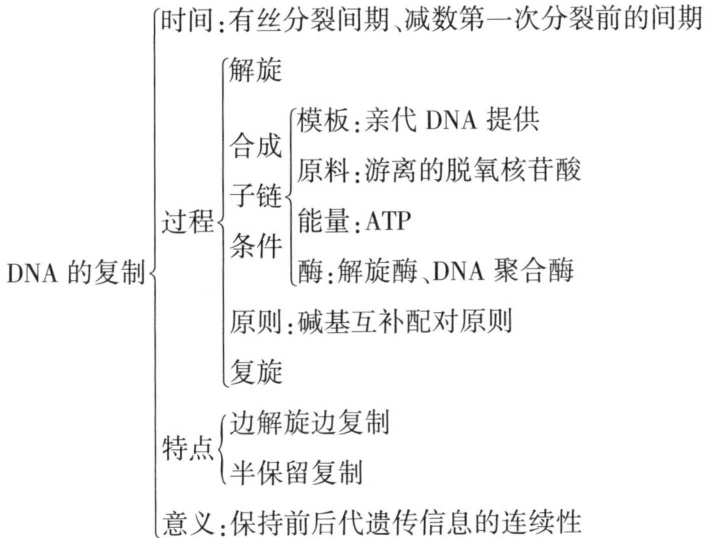

三、课堂总结

（一）对标小结

师:同学们,本节知识点我们已经学完了,大家掌握了多少呢?从课堂表现来看,本节课的两个教学目标基本完成,但是第一个目标内容比较多,大家课下要多读多背,下节课我会随机提问 DNA 复制的过程、条件、特点。

（二）课堂教学总评

师:同学们这节课表现很不错,预习很充分,大部分同学课堂上都能积极举手,踊跃发言,尤其几位上台的“小老师”,自信又大方,希望大家继续努力!

（三）作业布置

完成本节教辅资料作业,明天下午上交。

（四）预习布置

预习第四节内容,并完成教辅资料知识梳理部分内容。

★课后反思

1. 本节课充分发挥了小组的作用，做到了真正把课堂还给学生。学生根据导学案自学和小组讨论成为课堂教学的重点，让学生扮演“小老师”的角色，确实提高了学生学习的积极性和主动性，张扬了学生的个性，弥补了传统教学的不足。

2. 本节课的不足之处：由于学生对教材的理解还不够深入，对客观事物的认识也不深刻，各组的成员在构成上也有差异，小组合作整理的结果也是肤浅的、片面的，且只能为个别学生提供展示的机会。

3. 通过本节课的教学实践，我认为高效课堂所提倡的“自主”不能变成“放任”，教师应将预习内容设置成若干小问题，让学生有明确的预习目标，问题不能过难，让学生通过思考和交流能总结出答案。在小组合作中，教师要让学生明确各小组在合作中担任什么角色，需要完成什么任务，从而有的放矢地让学生进行小组合作学习。

“一轮复习：核酸是遗传信息的携带者”课堂实录

光山高级中学　◇扶　元

一、课前组织

（一）检查

(1)课前5分钟读书。

(2)通过提问的方式检查学生读背的情况,表现好的学生给予肯定,让全班学生共同学习。

（二）学科特色——课前一题

细胞中存在核酸-蛋白质复合物、糖-蛋白质复合物,以及构成离子通道的蛋白质复合物等。科学家运用冷冻电镜可以研究生物大分子复合物的结构。下列叙述不合理的是　　　　(　　)

A. 在细胞膜上,一种离子通道允许不同离子通过

B. 真核细胞的染色体中存在DNA-蛋白质复合物

C. 癌细胞间的黏着性降低与细胞膜上糖-蛋白质复合物等减少有关

D. 若复合物中的某蛋白质参与DNA复制,该蛋白质可能是DNA聚合酶

生1:本题考查不同蛋白质复合物的功能,意在考查我们对核酸-蛋白质复合物、糖-蛋白质复合物等结构的功能的理解。首先,离子通道具有专一性,在细胞膜上,一种离子通道一般只能允许一种离子通过,所以A项错误。

再看第二句话,真核细胞中的染色体主要由 DNA 和蛋白质构成,存在着 DNA-蛋白质复合物,B 项也正确。癌细胞间的黏着性降低与细胞膜上的糖蛋白等物质的减少有关,C 项也对。DNA 复制需要 DNA 聚合酶的催化,D 项正确。所以最终这道题选择 A 项。

师:同学们,今天的课前一题这位同学讲解得很到位,大家掌声鼓励!同时,这道题针对性强,考查到了本节课要复习的内容——核酸,那么让我们进入到今天生物学课的学习。

(三)课堂教学目标

(1)熟练掌握核酸的结构与功能。

(2)灵活运用蛋白质与核酸的关系。

二、课中教学

(一)组织教学

师:同学们,上一节课,我们一起复习了生物大分子蛋白质,今天我们来回顾高中课本另一个生物大分子——核酸,说起 DNA 和 RNA,大家并不陌生,高一初学时也不费力,那么在今天的复习中我们需要掌握哪些知识呢?让我们准备好课本、资料、笔记本,走进今天的课堂。

(二)课堂教学目标解读

(1)本节课要求熟练掌握核酸的结构与功能,这是本节课的重点。

(2)能够灵活运用蛋白质与核酸的关系,这是本节课的难点。

(三)课堂教学活动

1.基础知识——核酸的结构与功能

(1)核酸的结构层次(1 号学生板演)

元素组成:____________________;核苷酸分类:____________________;核酸分类:____________________。

(2)脱氧核糖核酸(DNA)与核糖核酸(RNA)的比较(2 号学生填表 1)

表 1　DNA 与 RNA 的比较

<table>
<tr><td colspan="3">分类</td><td>DNA</td><td>RNA</td></tr>
<tr><td colspan="3">组成单位</td><td> 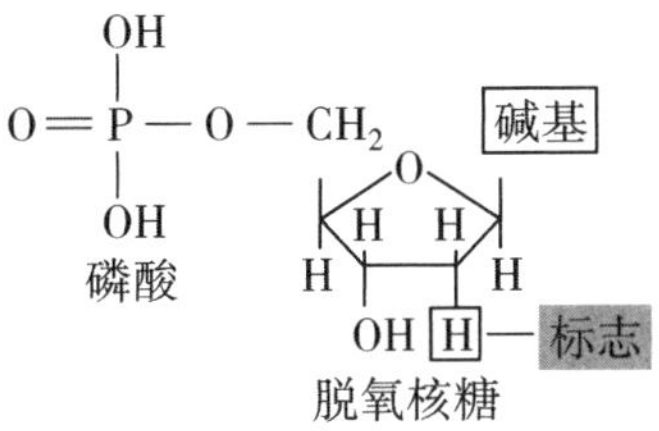OH
O＝P—O—CH₂ 碱基
OH O
磷酸 H H
H H
OH H—标志
脱氧核糖
脱氧核糖核苷酸</td><td> 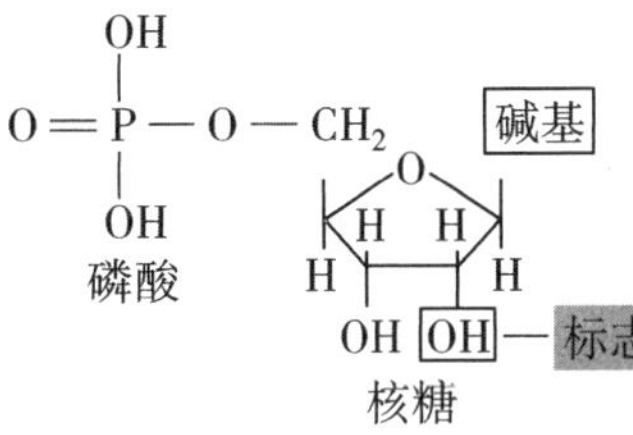OH
O＝P—O—CH₂ 碱基
OH O
磷酸 H H
H H
OH OH—标志
核糖
核糖核苷酸</td></tr>
<tr><td rowspan="4">成分</td><td rowspan="2">碱基</td><td>共有</td><td colspan="2">腺嘌呤(A)、胞嘧啶(C)、鸟嘌呤(G)</td></tr>
<tr><td>特有</td><td>____</td><td>____</td></tr>
<tr><td colspan="2">五碳糖</td><td>________</td><td>________</td></tr>
<tr><td colspan="2">磷酸</td><td colspan="2">磷酸</td></tr>
<tr><td colspan="3">功能</td><td>是主要的________,携带和复制________,并决定蛋白质的生物合成</td><td>①针对 RNA 病毒:是 RNA 病毒的________
②mRNA:________
③tRNA:运输________
④rRNA:________
⑤极少数 RNA 可作为____,具有________功能</td></tr>
<tr><td colspan="3">存在</td><td>①真核生物:细胞核(主要)、____、____
②原核生物:________、质粒</td><td>主要存在于________中</td></tr>
</table>

教师带领全班学生检查两位学生的板演情况,并一起复习基础知识。

生:学生齐读课本 35 页核酸的重要作用。(核酸是细胞内携带遗传信息的物质,在生物体的遗传、变异和蛋白质的生物合成中具有极其重要的作用)

(3)不同生物的核酸、碱基等情况(填表 2)

表 2 不同生物的核酸、碱基、核苷酸、遗传物质归纳

	核酸种类	碱基种类	核苷酸种类	遗传物质
真核、原核生物				
病毒				

师:由学生独立思考完成该表格。

8 号学生回答该问题。

教师总结:这位同学回答得很棒,这个知识点是个易错点。对于该种题的做题技巧,首先要明确所给生物是细胞生物还是非细胞生物,然后才能确定其遗传物质。

(4)同学们思考与讨论以下几个问题

①DNA 中有几个游离的磷酸基团? DNA 分子中,相邻碱基靠什么连接? DNA 分子的两条链靠什么连接?

②DNA 分子多样性的原因是什么?

③RNA 中不含有氢键吗?

④ATP 中含有什么糖?

⑤DNA 分子初步水解的产物是什么? 彻底水解的产物是什么? 核酸彻底水解的产物是什么?

学生展示讨论结果:

生 17:①DNA 中有 2 个游离的磷酸基团,DNA 分子中,相邻碱基依靠磷酸二酯键连接,DNA 分子的两条链依靠氢键连接。(后纠正相邻碱基依靠脱氧核糖-磷酸-脱氧核糖结构相连接)

②多样性的原因:碱基对的排列顺序千变万化。

③tRNA 含有氢键。

④ATP 中含有核糖。

⑤DNA 分子初步水解的产物是 4 种脱氧核苷酸,彻底水解的产物是 6 种物质,核酸彻底水解的产物是 8 种物质。(学生表现积极,回答较好,掌声鼓励)

(5)判断题训练(多媒体展示,学生抢答)

①只有细胞内的核酸才是携带遗传信息的物质。 ( )

②相对分子质量大小相同、碱基含量相同的核酸分子所携带的遗传信息一定相同。 ( )

③真核生物以 DNA 为遗传物质,部分原核生物以 RNA 为遗传物质。 ( )

④有的 RNA 有运输、催化和传递遗传信息的功能。 ( )

⑤DNA 分子的两条脱氧核苷酸链之间通过磷酸二酯键相连接。 ( )

⑥与 DNA 相比,RNA 特有的化学物质组成是胸腺嘧啶和脱氧核糖。 ( )

⑦细胞中的 DNA 一定有氢键,RNA 一定没有氢键。 ( )

⑧同一生物体的不同细胞中,DNA 基本相同,RNA 不完全相同。 ( )

师:同学们,看来大家对核酸的基础知识部分掌握得比较牢固,望大家再接再厉!

2. 核酸与蛋白质的关系

(1)核酸与蛋白质的关系用中心法则表现(教师板书)

师:同学们,核酸与蛋白质的关系如图 1 所示,那么请大家思考并填空。

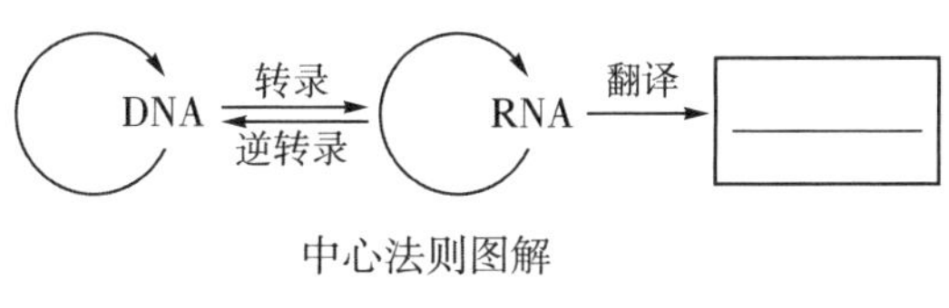

图 1

学生思考并回答(如图 2):

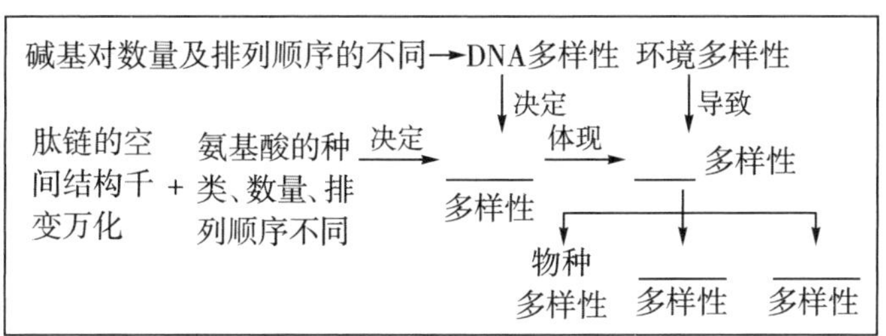

图 2

师：注意对于同一生物体而言，有“相同和不相同”，相同的是 DNA，不完全相同的是 mRNA 和蛋白质。

(2) 核酸-蛋白质复合体

学生小组讨论常见的核酸-蛋白质复合体，由 5 号同学总结常见的复合体：

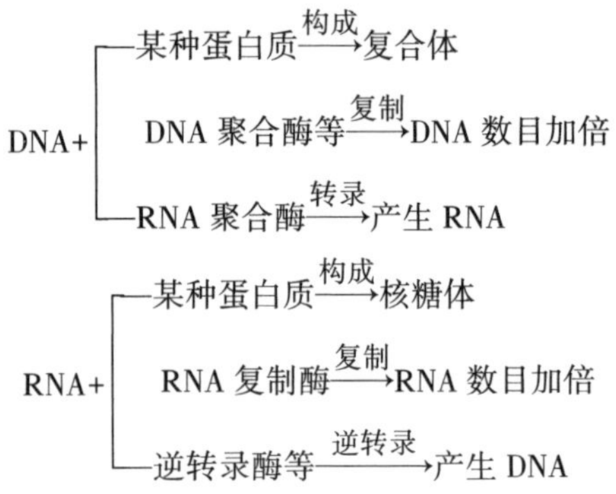

DNA+
- 某种蛋白质 —构成→ 复合体
- DNA 聚合酶等 —复制→ DNA 数目加倍
- RNA 聚合酶 —转录→ 产生 RNA

RNA+
- 某种蛋白质 —构成→ 核糖体
- RNA 复制酶 —复制→ RNA 数目加倍
- 逆转录酶等 —逆转录→ 产生 DNA

图 3

(3) 习题训练(随堂提问)

核酸通常与蛋白质结合以核酸-蛋白质复合体的形式存在。以下叙述错误的是 ( )

A. T2 噬菌体、HIV 和烟草花叶病毒都可以看作是核酸-蛋白质复合体

B. 紫外线、酒精消杀病毒分别能破坏复合体中的核酸和蛋白质

C. 原核细胞和真核细胞中的各种核酸-蛋白质复合体的存在形式相同

D. 真核细胞内遗传信息传递过程中，可出现核酸与相应的酶形成的复合体

师：此题作为经典题型，考查的就是本节课所讲的核酸-蛋白质复合体，难点在于要知道原核生物在 DNA 复制、转录的时候也会形成复合体。此题正确答案是 C。

三、课堂总结

（一）对标小结

师：本节课对于核酸的复习，两个教学目标已经完成，其中第一个目标有少数同学没有完全掌握,课后还需要继续巩固。第二个目标核酸-蛋白质复合体是高考的重点,同学们需要掌握方法,提升能力。整节课同学们表现良好,能够积极回答问题,但是对基础知识的掌握还不够扎实,望同学们能够多记多背。

(二)课堂表现总评

师:今天同学们表现得都很棒,大家都能积极参与到课堂中来,学习是一个需要坚持的过程,希望同学们能够保持对学习的热情,克服困难,高考圆梦!

(三)作业布置

完成课时跟踪训练三。

(四)预习布置

预习实验观察 DNA 和 RNA 在细胞中的分布,填写资料 19~21 页内容。

★课后反思

1. 本节课是一节关于核酸的一轮复习课,内容偏基础,重在考查学生平时的基础知识积累能力和总结能力。在教学设计上,我侧重学生读、背、填,采用了一点一练的方式,一节课下来,学生完成了学习目标。

2. 本节课的不足之处是,没有达到高效课堂的高标准。一节课下来,我讲得偏多,没有完全放手让学生展示,应该让学生自主合作探究,主动参与课堂,发现问题,解决问题,真正做到课堂教学活动的高效开展。

“风蚀地貌”课堂实录*

光山高级中学 ◇黄光胜

一、课前组织

（一）检查

(1)预习检查。检查上节课布置预习任务作业学生是否完成。(小组组长检查本组学生完成情况,教师抽查)

(2)错题重做检查。检查学生教辅习题完成情况及错题是否用红笔纠错、重做。(小组组长检查本组学生完成情况,教师抽查)

(3)背诵上节课主要知识点。(课代表随机提问)

课代表:滑坡、泥石流多发区的自然地理特征有哪些?

生 26:地质结构不稳定;地势陡峭;岩石破碎,地表物质松散;植被覆盖率低(或植被破坏严重);降水多或者降水季节变化大;等等。

（二）学科特色——课前一图

2016 年我国在贵州黔南成功建设了世界上最大的单天线射电望远镜(简称 FAST),其直径达 500 米。FAST 台址位于贵州黔南平塘县克度镇金科村的

---

* 本课内容选用湘教版《普通高中教科书 地理 必修 第一册》第二章第二节“风成地貌”讲述。

大窝凼洼地,附近 5 千米范围没有任何乡镇,25 千米范围内只有一个县城,是科学家观测宇宙的理想之地。

图 1

“中国天眼”选址大窝凼的主要原因是 （ ）

①光照较好,空气稀薄清新 ②地形独特,建设工程量小 ③人烟稀少,电磁波干扰小 ④环境优美,吸引高科技人才

A. ①② B. ②③ C. ①③ D. ②④

生 16:由材料可知,“中国天眼”主要用于天文观测,选址大窝凼洼地的主要原因是喀斯特地貌,多天坑、溶洞,四周高、中间低的地形便于安置射电望远镜,建设工程量小;人烟稀少,城镇少,人为干扰少,②③正确。大窝凼所在的云贵高原,冬季“天无三日晴”,当地多云雨天气,光照条件差;吸引高科技人才与“中国天眼”选址无关,①④错误。故选 B。

教师点评:16 号学生的讲解思路清晰,能挖掘材料内涵,讲得很好。

（三）课堂教学目标

(1)能够说出风蚀地貌的空间分布特征。(区域认知)

(2)借助景观图、视频,识别各种风蚀地貌并能描述其特点。(地理实践力)

(3)能够从地理环境各要素相互关系的角度,分析风蚀地貌的形成过程和形成机制。(综合思维)

二、课中教学

（一）组织教学

师:上节课同学们都能积极参与课堂讨论、思考、练习,作业完成度较好,值得表扬的同学有 3、5、8、16、19、23、27、32 号等,同学们课下可以传阅,向优秀同学学习。这节课希望同学们再接再厉!请同学们准备好课本、教辅资料、笔记本。

（二）课堂教学目标解读

师：通过这节课的学习，我们要能看懂风力塑造地貌的景观图；通过观察分析其特征，推理其形成条件及形成过程。从直观认识中形成抽象的思维，分析典型风蚀地貌景观的形成原因，解决实际地理问题，树立人与自然和谐共生的理念。

（三）课堂教学活动

1. 自主学习（学生大声读书并完成简易任务）

师：风蚀地貌的概念、类型和分布规律是怎样的？

生1：由风蚀作用形成的地表形态，称为风蚀地貌。常见的风蚀地貌有风蚀蘑菇、风蚀柱、风蚀壁龛、雅丹地貌、戈壁等。风蚀地貌多分布在干旱、半干旱地区，比如我国的西北地区。

师：请同学们谈谈吹蚀作用与磨蚀作用有什么区别。

生2：吹蚀作用是指风力将地表的松散沉积物或者基岩上的风化产物吹走，使地面遭到破坏的过程。

磨蚀作用是指由于风沙流贴近地面运动，运动的沙粒对地表物质进行的冲击、摩擦作用的过程。

2. 探究学习（学生分组合作学习，完成疑难任务）

探究一：典型地貌——风蚀蘑菇

师：观察教材上风蚀蘑菇景观图，思考并总结风蚀蘑菇的形态特点、形成原因及条件。

生1：特点——上部宽大、下部狭小。

生2：原因——下部接近地表，气流含沙量大，磨蚀严重。下部较软，上部坚硬。

生8：条件——风力；丰富的沙源；多变的风向。

师生互动讨论。

师：有没有定向风的侵蚀作用下形成的地貌？

学生：风蚀壁龛。

师:观察教材上风蚀壁龛的景观图,引导学生简要说明其形态特征及形成原因。

[针对训练]图2为我国西北某局部地貌的等高线地形图(单位:米),虚线表示不可见。据此回答下列问题。

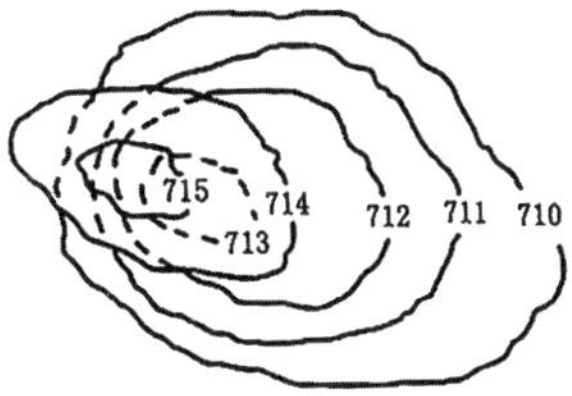

715
714
713
712
711
710

图2

(1)图示地貌可能是 ( )

A. 风蚀蘑菇　　B. 沙丘

C. 山前冲积扇　　D. 三角洲

(2)图中713米等高线处景观的成因最有可能是 ( )

A. 风沙磨蚀严重　　B. 岩性更加坚硬

C. 岩浆大量喷发堆积　　D. 风化更为严重

生4:分别选A、D。

生7:分别选A、A。

师:正确答案是A、A。第(2)题4号同学你为什么选D呢?现在知道错在哪儿了吗?

生4:我把风蚀和风化混淆了。

探究二:典型地貌——雅丹地貌

视频演示其形成过程,知晓雅丹地貌发育在古代河湖的土状堆积物中。

概念解析:风化作用与风蚀作用的区别。

师:雅丹地貌的形成只与风蚀作用有关吗?

生12:不是,还有风化、流水冲刷和风蚀等作用,但是,风蚀作用是形成雅丹地貌的主导作用。

图3

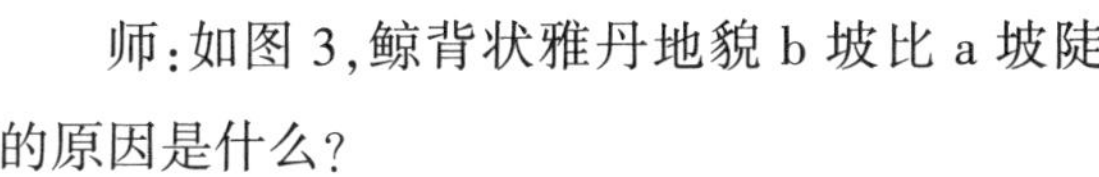

师:如图3,鲸背状雅丹地貌b坡比a坡陡的原因是什么?

生27:b坡为迎风坡,岩石受侵蚀比较严重,逐渐形成了陡峭的地形。

师:平顶山状雅丹地貌顶部平和四壁陡峭的原因分别是什么?

生18:顶部平原因——早期流水沉积作用的结果。

四壁陡峭原因——风力侵蚀作用的结果。

[针对训练]雅丹地貌是干旱区常见地貌之一。柴达木盆地“水上雅丹”地貌的景观奇特,独一无二。该地貌的组成岩石主要来自湖底沉积物,雅丹地貌形成之后,由于河流改道,湖水汇入而形成“水上雅丹”。读图,完成下面小题。

(1)形成该地貌景观的主要地质作用是 ( )

A. 流水侵蚀 B. 冰川侵蚀 C. 风力沉积 D. 风力侵蚀

(2)读图4,推测“水上雅丹”的演化顺序 ( )

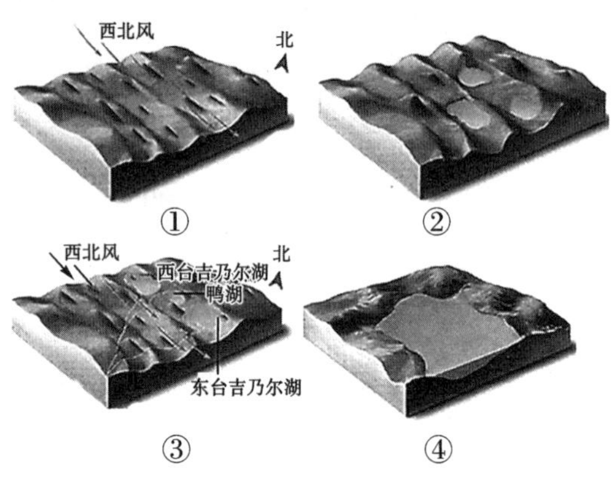

图4

A. ①→②→③→④ B. ④→②→①→③

C. ①→②→④→③ D. ②→④→③→①

生9:分别选D、B。

生10:分别选D、B。

师:正确答案是D、B。

探究三:戈壁的形成过程

阅读下列材料,完成相关任务。

柴达木盆地位于青藏高原,深处内陆腹地,在阿尔金山脉、祁连山脉和昆仑山脉之间。柴达木盆地属高山高原气候,大陆性特征明显,以干旱为主要特点,年降水量在200毫米以下。区内大风日数多,尤其是春季大风更为频繁。在盆地与昆仑山脉的过渡地带,源自昆仑山脉的河流和洪水将碎屑物挟带至山前堆积下来,形成冲积扇和洪积扇,大风再将冲积扇和洪积扇表面的细颗粒物吹走,留下粗大的砾石覆盖着地面,形成戈壁。

师:议一议,柴达木盆地边缘为何多戈壁?

生 11:源自山脉的河流和洪水(或冰雪融水)将碎屑物质带至山前堆积,形成冲积扇和洪积扇;大风将(洪)冲积扇表面的细小颗粒物吹走,留下粗大的砾石覆盖地表,形成戈壁。

探究四:风蚀地貌分布地区的自然地理特征

师:我国西北地区多风蚀地貌,其自然环境特征有哪些?

生 12:气候干旱,少雨而集中;植被稀疏;多荒漠、戈壁;风力作用强。

师:12 号总结得很好,表述也准确、简洁。

[针对训练]读右面的地貌景观示意图(图 5),完成下列各题。

图 5

(1)该类地貌景观常见于我国的(　　)

A. 海南岛　　B. 四川盆地

C. 华北平原　　D. 准噶尔盆地

(2)关于该类地貌景观地区的气候特征描述最符合的是(　　)

A. 全年高温多雨　　B. 夏季高温多雨

C. 全年降水稀少　　D. 冬季寒冷干燥

(3)该类地貌景观形成于(　　)

A. 流水侵蚀　　B. 冰川侵蚀

C. 风力侵蚀　　D. 波浪侵蚀

生 13:选 D、C、C。

生 14:选 D、C、C。

师:正确答案是 D、C、C。

三、课堂总结

(一)对标小结

师:接下来哪位同学愿意总结一下本节课所学知识?(学生上台板书)

生 18:板演展示(图 6)。

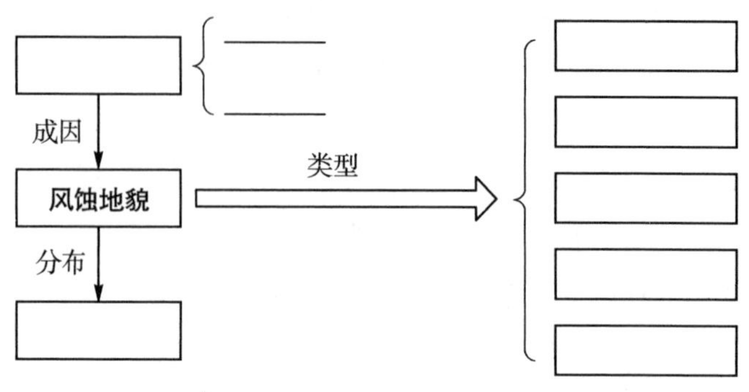

图 6

师总结:这位同学书写工整、要点齐全、总结到位,说明他学懂了本节课的知识。今天我们主要学习了风蚀地貌的形成、常见类型和典型分布地区,明确了风蚀地貌的自然地理特征。希望同学们能对这部分知识举一反三,活学活用。

(二)课堂表现总评

今天大家的学习状态很好,主动参与课堂,分析思考问题很专注,我为你们感到骄傲!课堂是我们学习的主战场,只要我们抓住了课堂,就一定能取得优异的成绩。同学们,加油!

(三)作业布置

(1)完成教材第 50 页活动题。

(2)完成教辅资料第 32 页第 1、2、3 题,第 33 页情景探究题和典例体验题,第 35 页课堂检测 1~4 题。

(四)预习布置

(1)风积地貌的常见类型有哪些?是怎么形成的?

(2)风沙活动的危害有哪些?常见的防治措施是什么?

★课后反思

1. 从教学过程来看,这节课学生落实了课前预习,课堂上积极主动思考问题,踊跃展示答案,参与度高,激发了他们的动手、动脑能力,教学效果良好。这是一次高效课堂的有益尝试,增强了我实践高效课堂的信心。

2. 本节课教学目标达成度高,但在探究学习和针对练习环节,时间略显仓促,课前组织环节还可以进一步优化。

3. 教学有法,教无定法,贵在得法。这节课使我认识到:课堂教学要充分保障学生自主学习的时间,确立学生的主体地位;倡导学生主动参与、乐于探究、勤于动手,这是高效课堂的显著特征;教师应通过有效的引导,将学习的过程转变为学生不断提出问题、解决问题的探索过程。在“三新”教育改革背景下,我会坚持学习,不断进步,力争早日成为学生喜欢的优秀教师。

“主要环境问题——环境污染”课堂实录*

光山高级中学 ◇张继红

一、课前组织

（一）检查

(1)预习检查。检查学生上节课补置的问题思考是否完成。(小组组长检查本组学生完成情况,教师抽查)

(2)错题重做检查。检查学生教辅资料完成情况及错题是否用红笔纠错、重做。(小组组长检查本组学生完成情况,教师抽查)

(3)背诵上节课主要知识点。(课代表随机提问)

课代表:环境问题的主要类型有哪些?

生12:环境污染问题;生态破坏问题;自然资源枯竭问题。

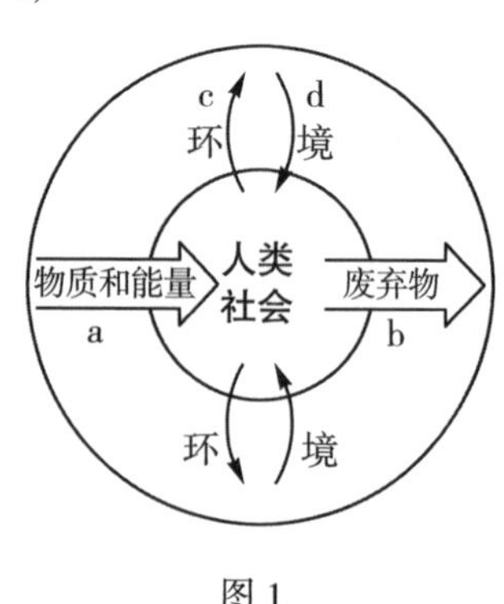

图1

（二）学科特色——课前一图

读图1,关于人类与环境关系的叙述,正确的是 ( )

---

* 本课内容选用湘教版《普通高中教科书 地理 必修 第二册》第五章第一节“人类面临的主要环境问题”讲述。

A. 只要有箭头 b 存在,就一定会产生环境问题

B. 人类通过 b、c 影响环境,而环境通过 a、d 影响到人类之间是没有因果关系的

C. 如果箭头 a、箭头 b 表示的人类活动力度较大,都可能产生环境问题

D. 由图可知,人类与环境是对立的,无法使其协调

生:选 C。人与自然环境相互作用、相互影响,在人类的合理活动下,不会产生环境问题。从材料可知,a 为人类从自然环境中获取的物质和能量,b 为人类向环境中排放的废弃物,如果人类过度开发利用资源或向环境中排放的废弃物过多,则会产生严重的环境问题。人与环境的关系是可以协调的。

师:当人类排放的废弃物大于自然界的自净能力,则会造成环境问题;当人类过度索取自然界的物质和能量,也可能造成环境问题。

(二)课堂教学目标

(1)环境污染的主要类型、原因及危害。

(2)环境污染的防治措施。

二、课中教学

(一)组织教学

师:上节课同学们都能积极参与课堂讨论、思考、练习,作业完成度较高,大多数学生都值得表扬,希望这节课同学们再接再厉!人类在取得成功的同时,地球上也隐含着许多危机。近一百年来,地球上的人口不断激增,工业化又使人们向自然极度索取,生态系统遭到严重的破坏。全球环境发展动态启示我们,应该急切地解决人们生活的地理环境问题,现在我们一起走进"人类面临的主要环境问题"一节。请同学们准备好课本、教辅资料、笔记本等。

(二)课堂教学目标解读

师:通过本节课的学习,结合生活中的事例,能掌握环境污染的主要类

型、形成原因及带来的危害；通过对各种环境污染原因的分析，理解及掌握环境污染的防治措施，将学习与生活实际相结合，树立人与自然和谐相处的理念。

（三）课堂教学活动

1.自主梳理知识

师：快速阅读书本，理解环境污染的概念，掌握环境污染的类型。

（学生大声读书，展示环境污染概念的理解、环境污染类型）

生：环境污染的概念——人类生产生活过程中产生有害物质，引起环境质量下降，危害人类健康，影响生物正常生存发展的现象。

环境污染类型：大气污染、水污染、土壤污染、固体废物污染、噪声污染、光污染、海洋污染、放射性污染等。

2.探究学习——环境污染的案例分析

师生互动讨论：

师：海洋是我们人类重要的资源宝库，你认为威胁海洋资源可持续利用的因素主要有哪些？我们可以采取哪些措施进行控制？（任选其一）

生9：主要因素——过度捕捞、海洋污染。

海洋石油污染的防控措施：

①降低废水中的含油浓度。

②禁止船舶非法向海中排油。

③防止油船、海上输油管道和石油平台的溢油事故。

④加强海洋油污染的常规监测和应急监视监测。

9号同学回答得挺好，但是还不够全面，那么请同学们按小组继续讨论大气污染和海洋污染的内容，并把讨论结果填在下表中。（PPT展示问题和答案不同时出现）

表 1 大气污染和海洋污染成因、危害及对策

环境问题	典例	成因	危害	对策
大气污染	温室效应	主要是 CO_2 排多吸少	• 全球变暖; • 海平面上升; • 冰川消退; • 气候异常; • 土地荒漠化; • 病虫害增多	• 改进能源消费结构,开发利用清洁能源和低污染能源; • 集中供暖供热; • 对燃料进行预处理,改进燃烧技术; • 排放前消烟除尘; • 实施清洁生产,控制工业污染,减少污染物排放; • 植树造林、科学规划城市绿地面积
海洋污染	石油污染	• 近海石油的开采、加工和运输过程中的石油泄漏; • 陆地废水排放	• 海洋生物死亡; • 油膜和油块粘住鱼卵和幼鱼,阻碍海藻光合作用; • 影响海洋底栖动物; • 石油氧化分解会消耗溶解氧	• 物理处理法:围栏法、吸油材料、撇油法; • 化学处理法:燃烧法、凝油剂、乳化剂; • 生物处理法:微生物降解(经济有效途径) • 提高全民的海洋环保意识; • 建立健全海洋法律体系; • 加强管理和社会舆论的监督力度; • 做好事故预演和应急预演

3. 课堂练习

(1)(2016·全国卷Ⅱ)随着电子商务的快速发展,我国快递业保持高速发展的态势。2015 年我国快递业务量完成 206 亿件,同比增长 48%,快递业务收入完成 2 760 亿元。与此同时,由快递业带来的环境污染问题也日益突出。

说明废弃的快递外包装可能带来的主要环境污染问题,并提出解决措施。

环境污染问题:

①快递外包装会产生大量的包装盒(袋)、胶带等固体废弃物。

②不可降解的包装塑料袋和胶带等会对环境造成污染。

解决措施：

①推广使用环保的外包装材料，实行绿色包装。

②在确保货物不受损坏的情况下，实行适度包装。

③对外包装中的纸张（纸盒）等可利用废弃品，实行分类回收。

(2)(2016·全国卷Ⅲ)长江刀鱼是洄游性鱼类，每年春天从长江口进入长江干流、支流以及通江湖泊湿地产卵、孵化。长江刀鱼曾经是寻常百姓家餐桌上的美味佳肴。近年来长江刀鱼资源严重衰竭。

分析导致长江刀鱼资源衰竭的原因并提出保护措施。

原因：①过度捕捞；②河湖湿地减少；③水体污染。

保护措施：①禁止过度捕捞，规定休渔期；②保护湿地；③治理河流污染；④人工孵化，放养鱼苗；等等。

三、课堂总结

（一）对标小结

(1)环境污染原因的分析方法

环境污染的污染源主要来自工农业（生产排污）、居民生活排污。

不同环境污染的形成原因各不相同，要结合其特点进行具体分析（如图2）。

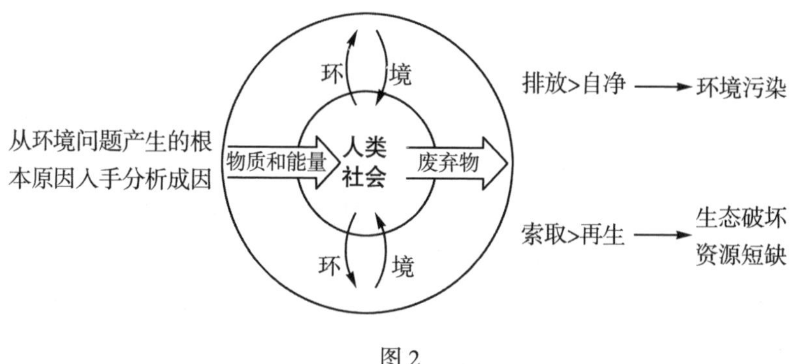

图2

(2)防治污染措施的分析方法（如图3）

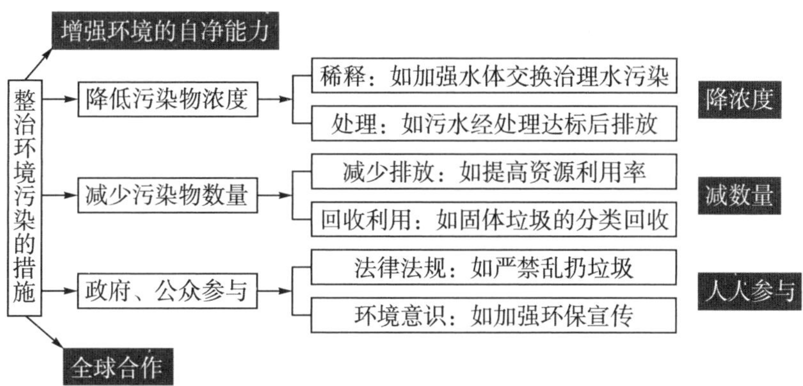

图 3

（二）课堂表现总评

师：今天大家的表现都很棒，能够积极主动参与课堂互动，认真分析思考问题，老师相信你们很快就会取得进步！接下来，我们要更加注重课堂效率，积极探索，大胆实践，希望我们都能取得更好的成绩，加油！

（三）作业布置

（1）背诵本节知识点。

（2）完成教辅资料第 98～100 页。

（四）预习布置

预习第五章第二节内容，完成思考：

（1）人地关系思想是如何演变的？

（2）如何走可持续发展道路？

★课后反思

1. 在课堂上，以学生为主体，教师为主导，要更好地调动学生的学习兴趣，让他们能积极主动地参与课堂学习，激发学生学习探究能力，多动手，多动脑，师生相互配合，更好地提高课堂效率。

2. 教师在教改思想层面要做到“三转五让”，在课堂操作层面要做到“三策四到位”，在课堂中要更好地体现教改思想。